高职高专"十二五"规划教材

民航运输类专业系列教材

航空货物安全检查

HANGKONG HUOWU ANQUAN JIANCHA

王益友　主编　　　袁建斌　刘骊赟　周培莉　副主编

朱益民　李九鹏　主审　　　许　进　副主审

化学工业出版社

·北京·

本书是按照中国民用航空局的相关规定编写的安全检查操作要求。本书系统地介绍了国际、国内相关法律、法规及航空安全检查的相关知识，具体内容包括安全技术检查概述，安检仪器、设备的使用和管理，人身检查，航空货物检查，车辆安全检查，紧急情况处置方案，安全检查人员的业务和制度管理，安全检查日常勤务和礼仪规范，劳动保护知识。内容翔实丰富，十分贴近日常安全检查工作的实际操作，对机场、火车站、港口安检及各类国际、国内货运代理公司，快递公司，航空危险品鉴定机构，安全检查专业院校，民航职业技能鉴定站，各民航职业技能鉴定培训中心等部门有较权威性的指导意义。

本书可供高职高专航空服务类专业使用，也可作为高铁服务、海乘服务等相关专业的教材。还可作为机场和航空公司安检考证上岗，相关技术岗位员工进行业务学习及培训的参考资料。

图书在版编目（CIP）数据

航空货物安全检查/王益友主编．—北京：化学工业出版社，2015.4（2024.1重印）
高职高专"十二五"规划教材
ISBN 978-7-122-23200-7

Ⅰ.①航… Ⅱ.①王… Ⅲ.①航空运输-货物运输-安全检查-高等职业教育-教材 Ⅳ.①F560.84

中国版本图书馆CIP数据核字（2015）第043695号

责任编辑：旷英姿　陈有华　　　　　　文字编辑：李　瑾
　　　　　　　　　　　　　　　　　　装帧设计：王晓宇

出版发行：化学工业出版社（北京市东城区青年湖南街13号　邮政编码100011）
印　　装：北京盛通数码印刷有限公司
787mm×1092mm　1/16　印张8　字数166千字　2024年1月北京第1版第5次印刷

购书咨询：010-64518888　　　　　　　售后服务：010-64518899
网　　址：http://www.cip.com.cn
凡购买本书，如有缺损质量问题，本社销售中心负责调换。

定　　价：24.00元　　　　　　　　　　　　　　　　　　版权所有　违者必究

编审人员

主　编　王益友
副主编　袁建斌　刘骊赟　周培莉
主　审　朱益民　李九鹏
副主审　许　进
编写人员（按姓名笔画排序）
　　　　王海燕　王益友　刘骊赟
　　　　周　峰　周培莉　袁建斌

序言
FOREWORD

自改革开放以来，中国经济突飞猛进，国民生产总值跃居世界第二位，其中国内外贸易迅猛发展，航空货运业务蒸蒸日上。著名的飞机制造公司——空中客车公司在其《全球市场报告》中指出：2006年到2025年的20年里，中国的航空货运将增长6倍，共需要近400架货机，中国的航空货运将保持较高的增长速度，其中国内货运的年均增幅将达到10.9%，国际货运的年均增幅将达到8.9%。波音公司则在其《全球航空货运市场预测》中指出："中国国内航空货运市场的运输量将增长7倍以上，中国市场占世界航空货运总量的份额将增长1倍以上。"

截至2012年4月，中国境内共有已颁发公共航空运输企业经营许可证的航空公司46家，其中全货运航空公司10家。2011年，共有106家外国航空公司执飞中国内地，其中全货运航空公司18家。这其中包括了以高端快件业务为主的货运航企，如联邦快递、UPS和EMS等；以普货运输为主的传统货运航企，如国泰货运、汉莎货运和国内三大航旗下的货运公司等。国内外企业摩拳擦掌，皆欲在中国航空货运这一蓬勃发展的市场上取得骄人业绩。

中国国内各家航空公司对航空货运业务，也经历了从以往的"轻货重客"向"客货并举"的战略转型，国内主要航空公司在运力和基础设施建设上加大了对货运的投入力度，引进大型全货机投入国内、国际货运航线的运营，欲与国际同行一比高下。

中国航空货运产业快速发展的同时，也暴露出经验丰富、专业知识扎实的人才匮乏这一短板，极大地制约了中国航空货运的发展，使得国内许多航空货运企业在向专业化、规模化和高端集约化企业转型之路中进展缓慢，无法与国际上的同行业进行竞争。现代航空货运人才所要掌握的技能，不再是单纯的运输和调度，而是要本着"以客为尊、倾心服务、延伸服务、全方位服务、增加航空运输的附加值"的理念，熟悉航空货运各环节业务流程与规则，能够熟练地应用计算机网络技术，优化航空货运各环节等。

目前，很多高职高专学校开设了航空货运、物流的课程，旨在培养航空货运领域的专门人才。为此我们组织了我公司一批在航空货运领域有着多年从业经验的专家，编写了这套航空货运的核心教材。从内容体系上来看，这套教材全面、系统地阐述了航空货运领域各项基础业务、主要业务的操作环节，语言浅显易懂，便于理解。从编者的编写意图上看，该套教材着眼于应用人才的培养，在介绍基本原理、规则方法的同时，通过案例分析清楚说明了重点业务的操作规范，具有很强的操作性和应用性。纵观全书，该套教材结构严谨、内容翔实、操作性强、语言浅白，充分体现了理论和实践相结合的原则，非常适合高职高专院校中航空货运、航空物流专业、航空货运代理专业、空乘专业、民航财务专业、空中安全保卫专业、地面服务专业的学生学习。

最后，希望该教材的出版和发行，成为我国航空货运专业人才培养的良师益友，并为进一步完善我国的航空货运学科的体系建设贡献一份力量。

上海航空公司总裁　朱益民
东方航空物流有限公司、中国货运航空公司总裁　李九鹏

前言 PREFACE

伴随着民用航空事业的飞速发展，当前世界航空货运业正处于蒸蒸日上的阶段，国际贸易与空运业务相互促进，国际航空运输规模日益庞大。中国航空货运在这股大潮中也在不断发展，成为中国改革开放取得巨大经济成就的重要助推力量。在这样的大背景下，航空安全作为保障航空货运业持续发展的重要因素，一直以来起着举足轻重的作用。随着近年来国际、国内反恐形势的不断升级，特别是美国"9·11事件"以后，各国加大了对航空安全的防范意识，我国当然也不例外。如果说安全是航空运输的生命线，那么安检就是保障航空安全不可或缺的重要环节，其重要地位不言而喻。当前，国际安全形势和民航业的快速发展对空防安全的要求也越来越高，这就要求航空安保工作人员增强工作主动性和积极性，以科学发展观为指导，全面加强和改进空防安全工作，确保空防安全工作，为民航运输生产持续、快速、健康发展提供有力保证。加之随着科技的不断进步，促使各式各样的航空货物频现，尤其在邮件和快件货物中，品种繁多，对航空货物的安全检查提出了更高的要求。

面对如此严峻而复杂的环境，民用航空安全检查的相关政策法规也在不断完善，相关职能部门不断提高安全标准的同时，安检设备设施也在进一步的研发和改进，同时对相关安全检查人员的要求更是在不断提高。目前国内很多民航运输类专业也逐步加入了安全检查的课程。为满足教学要求，我们组织了东方航空物流有限公司的有关专家，编写了此教材。本教材具有如下特点。

（1）内容丰富，重点突出。本教材将航空货物安全检查的各项标准和法规全面加以阐述；着重描述了对各类航空货物的检查程序、方法，各类安检设备设施的使用，并介绍了安检从业人员的勤务规范、业务培训等。

（2）立足实务，操作性强。本教材由东方航空物流有限公司的工作人员根据多年的安检工作积累的经验编写而成，详细阐述了相关安检操作细节，具有很强的操作指导性。

（3）结合实际，易于理解。本教材更注重从航空货物安检的现场实际操作内容出发，融合相关检查标准及规则，叙述清晰，易于学生理解及掌握。

本书可供高职高专航空服务类专业学生使用，也可作为高铁服务、海乘服务等相关专业的教材，还可作为航空公司相关技术岗位员工进行业务学习及培训的参考资料。

本教材是在东方航空物流有限公司朱益民（现为上海航空公司总裁）、李九鹏两任总裁领导下，各职能部门大力支持下完成的，在此表示由衷感谢。

本书由中国货运航空公司王益友任主编，中国货运航空公司袁建斌、刘骊赟、周培莉任副主编，上海航空公司朱益民，东方航空物流有限公司、中国货运航空公司李九鹏任主审，中国货运航空公司许进任副主审，参加编写的还有中国货运航空公司周峰和新疆职业大学王海燕。

中国航空货运业发展迅猛，航空货物检查要求不断提高，安检业务知识也在不断更新，作为航空货物安全检查类专业的教材，在今后的使用过程中，我们将不断查漏补缺、更新完善。希望本领域的专家和读者提出宝贵的意见，使本书日臻完善。

编　者
2015年4月

CONTENTS
目 录

第一章 安全技术检查概述 — 001
第一节 安全技术检查法规 — 001
一、安检法规的概念 — 001
二、安检法规的特点和作用 — 002
第二节 安全技术检查的产生 — 006
一、国际上安全技术检查的产生 — 006
二、国内安全技术检查的产生 — 006
第三节 安全技术检查工作的基本知识 — 007
一、安全技术检查的概念 — 007
二、安全技术检查的性质 — 007
三、安全技术检查工作的任务 — 007
四、安全技术检查工作的原则 — 007
五、安全技术检查部门的职能 — 008
六、安全技术检查的法律特征及特点 — 008
第四节 安全技术检查岗位职责 — 009

第二章 安检仪器、设备的使用和管理 — 011
第一节 X射线机 — 011
一、X射线及X射线机的基本知识 — 011
二、X射线机的使用及维护保养 — 013
第二节 金属探测门 — 016
一、金属探测门的工作原理 — 016
二、金属探测门的性能特点 — 016
三、影响金属探测门探测的因素 — 016
四、金属探测门的使用及维护保养 — 017
第三节 手持金属探测器 — 018
一、手持金属探测器的工作原理 — 018
二、手持金属探测器的使用及维护 — 018
第四节 爆炸物探测器 — 019
一、爆炸物探测器的工作原理 — 019
二、爆炸物探测器的应用范围 — 020
三、爆炸物探测器的使用及维护保养 — 020
第五节 安检现场监控技术 — 022
一、监控系统的组成 — 023
二、监控系统工作原理 — 023

三、监控系统的使用管理　024

第三章 人身检查　025

第一节 设施设备的检查方法　025
一、金属探测门的检查方法　025
二、手持金属探测器的检查方法　026

第二节 人身检查的实施　026
一、证件检查　026
二、人身检查　027

第四章 航空货物检查　029

第一节 货物安全检查的准备工作　029
一、货物安全检查勤务准备工作的实施　029
二、货物安全检查设备设施准备工作的实施　030

第二节 常见的航空货物运输凭证　030
一、常见航空货物运输凭证的种类　030
二、安检人员常见货物运输文件及相关内容　031
三、货物凭证检查时的注意事项　046

第三节 普通货物检查　046
一、普通货物检查程序　047
二、普通货物检查及处置方法　048

第四节 危险品的检查　053
一、危险品的分类　053
二、危险品标签识别　054
三、隐含危险品　065
四、危险品检查　068

第五节 超大超重货物检查　068
一、超大超重货物检查方式　068
二、超大超重货物检查的具体实施方法　068

第六节 特需货物的检查　070
一、特需货物的特性　070
二、特需货物的分类　070
三、特需货物的检查方法　070
四、特需货物安检的意义　071

第七节 航空邮件及其他货物的检查　072
一、航空邮件的检查　072
二、鲜活易腐货物的检查　072
三、急（快）件的检查　072
四、生物制品的检查　073
五、枪械的检查　073
六、骨灰和灵柩的检查　073
七、活体动物的检查　074
八、人体血液和标本的检查　074
九、外交、信使邮袋的检查　074
十、机密尖端产品的检查　075
十一、装有外汇箱（袋）的检查　075
十二、机要文件、密码的检查　075
十三、携带黄金的检查　075

第五章
车辆安全检查 — 077

- 第一节　车辆安全检查的准备工作 — 077
  - 一、车辆安全检查勤务准备工作的实施 — 077
  - 二、车辆安全检查设备设施准备工作的实施 — 077
- 第二节　车辆检查的实施 — 078
  - 一、车辆检查基本程序 — 078
  - 二、常见车辆种类及其检查重点 — 079

第六章
紧急情况处置方案 — 081

- 第一节　安检现场紧急情况处置方案 — 081
  - 一、在航空货物、邮件检查中发现托运人夹带危险品、违禁品（含疑似）— 081
  - 二、人身检查过程中发现危险品、违禁品（含疑似）— 081
  - 三、在证件检查过程中，发现受检人员使用伪假或冒用他人证件 — 082
  - 四、遇有人员、车辆强闯隔离区 — 082
  - 五、在安检现场发现查控对象 — 082
  - 六、发现严重扰乱安检现场工作秩序的人员 — 083
  - 七、接到威胁航班的信息 — 083
- 第二节　发现爆炸物的应急处置方案 — 088
  - 一、处置爆炸装置的原则 — 088
  - 二、处置爆炸装置的准备工作 — 089
  - 三、处置爆炸物的程序 — 090
  - 四、现场发现爆炸物的应急处置方案 — 090

第七章
安全检查人员的业务和制度管理 — 092

- 第一节　安检人员的基本要求和基本素质 — 092
  - 一、安检人员的基本要求 — 092
  - 二、安检人员的基本素质 — 093
- 第二节　安检人员岗位培训和考核 — 094
  - 一、安检人员岗位资质要求 — 094
  - 二、安检人员岗位资质复审要求 — 094
  - 三、安检培训项目 — 094
- 第三节　安检人员岗位操作规范 — 098
  - 一、人身检查岗位操作规范 — 098
  - 二、X射线机检查岗位操作规范 — 098
  - 三、开箱包岗位操作规范 — 098
  - 四、仪器维修岗位操作规范 — 099
  - 五、现场值班岗位操作规范 — 099
- 第四节　安全检查的工作制度 — 099
  - 一、安全目标责任制度 — 099
  - 二、领导值班制度 — 100
  - 三、请示报告制度 — 100
  - 四、会议制度 — 100
  - 五、交接班制度 — 100
  - 六、点名、讲评制度 — 101
  - 七、安检印章使用管理制度 — 101

第八章 安全检查日常勤务和礼仪规范　　Page 102

第一节　安检勤务组织　　102
一、安检勤务组织的原则　　102
二、安检勤务的实施要求　　103
三、安检部门勤务职责　　103
四、安检勤务应建立的制度　　103

第二节　同有关单位的协作配合　　104
一、同民航公安部门的协作配合　　104
二、同货物运输部门的协作配合　　105
三、同联检部门的协作配合　　105

第三节　安检人员服务、礼仪的基本规范　　105
一、安检人员着装规范　　105
二、安检人员仪容仪表规范　　106
三、安检人员执勤规范　　106

第四节　安检人员礼貌用语与岗位规范用语　　107
一、礼貌用语　　107
二、岗位规范用语　　107

第九章 劳动保护知识　　Page 108

第一节　安检工作现场要求　　108
一、货运区的区域控制　　108
二、安检工作现场的环境要求　　109

第二节　安全操作与防护　　109
一、X射线机的自我防护方法　　109
二、危险品的防护知识　　110

第三节　《中华人民共和国劳动法》的相关知识　　110
一、立法目的和适用范围　　110
二、劳动者的基本权利和义务　　110
三、国家对劳动者的鼓励和保护　　111
四、用人单位在劳动保护方面的职责　　111
五、劳动者在劳动保护方面的权利和义务　　111
六、关于伤亡事故和职业病　　111
七、劳动法对女职工的特殊保护　　111
八、违反劳动法的法律责任　　112
九、关于劳动者的职业培训　　112
十、有关安检人员的劳动保护　　112

参考文献　　114

第一章

安全技术检查概述

学习目标

了解国际、国内航空货物相关安全技术检查法规及特点、作用；熟悉航空货物安全技术检查工作内容、岗位职责。

安检法规是民航安检部门实施安全技术检查的法律依据，是安检人员依法行使检查权利，保障民用航空安全的重要手段。多年来，国家立法机关、国务院以及民航局、公安部等有关部门制定了一系列保证民用航空安全技术检查顺利实施的法律、法规、规章、规则、规定等，使安全技术检查工作有法可依、有章可循。

本章概述了安检法规的特点和作用，介绍了航空安全的三个国际公约，系统阐明了我国安检法规的主要内容。

第一节 安全技术检查法规

一、安检法规的概念

"法规"一词有两种含义。广义上讲是指宪法、法律、行政法规、地方性法规和国家机关制定的一切规范性文件的总称。狭义的法规是指国务院及其下属国家机关根据宪法和法律制定的规范性文件。

按照我国宪法的规定，全国人大制定的称为基本法律，全国人大常委会制定的称为一般法律，国务院制定的称为行政法规。行政法规的名称为条例、规定和办法。对某一方面的行政工作比较全面、系统的规定称为条例；对某一方面的行政工作作部分规定，称为规定；对某一项行政工作作比较具体的规定，称为办法。

安检法规则是从广义的"法规"含义上理解的，它的概念是指国家立法机关和国家行政机关依据宪法、法律和国家政策制定的、实施民用航空安全技术检查的法律、条例、规章、规定、办法、规则等规范性文件的总称。对安检法规概念，可以从以下三个方面理解。

（1）安检法规是国家立法机关和行政管理机关制定的 安检法规包括了《中华人民共和国民用航空法》（以下简称《民用航空法》）、《中华人民共和国民用航空安全保卫条例》（以下简称《民用航空安全保卫条例》）、《民用航空安全检查规则》及一系列的规则、规章、通告。《民用航空法》是全国人大常委会即国家立法机关制定的，《民用航空安全保卫条例》是国务院即国家行政管理的最高机关颁布的，其他一系列与安检有关的规则、规章、规定、通告等是由民航总局、公安部等国家行政管理机关（民航总局是国家民用航空管理机关，公安部是国家治安管理机关）制定的。这些法律、条例、规章、规定等虽说具有不同效力，但都是出于一个目的，就是为了保障民用航空安全，保障民用航空运输事业的顺利发展。

（2）安检法规的制定是依据宪法、法律和国家的政策 宪法是制定国家一切法律和行政法规的依据，任何法律和行政法规的制定都不得与宪法相抵触，都必须体现宪法和现行政策的基本精神。

（3）安检法规是实施民用航空安全技术检查及管理的规范性文件的总称 安检法规不是一部实体法或程序法典，而是有关法律法规的总和，是涉及民用航空安全技术检查的法律、法规、规定、办法、命令、规章、通知、通告等规范性文件的综合概括。

二、安检法规的特点和作用

1. 安检法规的特点

安检法规是保证空防安全的重要法规。它具有规范性、强制性、专业性、国际性等特点。

（1）规范性 规范就是标准。任何事物都有质的规定性，都有个标准，没有标准也就没有规范。如道德规范、行为规范、语言规范、技术规范等都是这个意思。安检工作是一项政策性很强的工作，如何答复免检要求、如何分辨禁止或限制携带的物品和掌握好限制的数量、如何处理不许旅客携带的物品以及隔离区和停机坪的管理等，都需要有法律依据，不能随心所欲，更不能感情用事。安检法规的制定，使安检工作有法可依、有章可循。

（2）强制性 安检法规是国家机关制定，以国家权力为基础，凭借国家机关的强制力来保证实施的行为规则。安检法规的强制性表现在两方面：一方面是规范的强制性，应该做什么，就得做什么。应该做的，不做不行；禁止的，做了不行。另一方面是执行的强制性。执行法规不像签订合同那样，可以讨价还价，而是必须执行。对违反法规行为的根据情节分别追究法律责任。

（3）专业性　安检法规属于业务工作规则性质，它就安检专业工作规定了工作范围、方针原则、处置处罚的管理措施等，具有较强的专业性。

（4）国际性　安检法规的国际性表现在它是根据国际公约及与航空安全有关的其他公约，结合国际形势，按国际标准和建议相应制定的。

2. 安检法规的作用

法律是统治阶级进行统治和管理社会的锐利武器，是治理国家的有力工具。各种法律的共同作用是镇压敌对阶级的反抗，巩固国家政权，保护和促进生产力的发展。

安检法规除了具有一般法律的共同作用以外，还具有它自己的特殊作用。安检法规是民航安检部门实施安全检查的法律依据，是安检人员依法行使检查权利，保障民用航空安全的重要武器。安检法规的作用，主要表现在以下方面。

（1）法律规范作用　所谓法律规范，即国家机关制定或认可，由国家强制力保证实施的一般行为规则。法律规范是人们共同遵守的行为准则，它规定人们在一定条件下，可以做什么，禁止做什么，从而为人们提供一个标准和尺度。安检法规，就是从安全检查方面，为安检员提供一个标准和尺度，从而保证空防安全和民航运输事业的发展。

安检法规的规范作用：一是起指引作用，它使人们清楚地懂得应该做什么，怎样做和不该做什么；二是评价作用，法规具有判断、衡量他人行为是合法还是违法，使人们明确什么是合法，什么是违法；三是教育作用，它对人今后的行为发生影响。

（2）业务指导作用　任何工作都必须由一定的理论和规范作指导，否则就要偏离方向，造成失误。安检工作是民航安全工作的重要组成部分，业务性强，政策性强。因此在安检工作中，要不断教育安检人员，加强对安检法规的学习，把法规作为安检工作的行为准则。只有用法规去开展工作，依法进行严格检查，依法处理工作中的问题，才能促进安全检查的规范化建设。

（3）惩罚约束作用　安检法规的惩罚约束作用体现在：一方面，在客运安检中，安检法规对乘机旅客具有约束力，不管乘机旅客愿意不愿意，都必须无一例外地接受安全技术检查，明令禁止乘机旅客携带危险物品和违禁物品，违者将按照《航空安全保卫条例》受到拒绝登机、没收违禁物品等相应的处罚。在货运安检中，所有航空货物都需要接受安全技术检查，根据《民用航空货物运输安全保卫规则》，绝不允许任何未经检查或不符合航空运输要求的货物准予运输。另一方面，安检人员在依法行使安全检查权利时，明确规定了安全检查的范围。在检查过程中查出违禁物品时，应根据有关规定分别处理。

总之，安检法规，不仅是广大安检人员进行工作的强大武器，也是乘机旅客（客运）、托运人（或其代理人）（货运）自觉守法，与违法行为作斗争的法宝。因此，我们要经常宣传，认真学习和严格执行安检法规，用法规教育、约束和惩罚那些有危害民用航空安全行为的人。

3. 我国有关航空货物安全检查法规的主要内容

（1）《民用航空货物运输安全保卫规则》中规定的主要内容如下。

第二十三条　安检机构负责对进入航空货物控制区的航空货物、人员、物品及车辆实施安全检查工作。

第二十四条　进入航空货物控制区的航空货物应当接受安全检查或者民航局认可的其他安全保卫措施。航空货物托运人、航空货运销售代理人应当主动向安检机构提交航空货物运输文件，并配合安检机构开展安全检查工作。

对不接受安全检查或者不提供本规则所要求的航空货物运输文件的，安检机构不得放行。

第二十五条　进入航空货物控制区的人员、物品及车辆应当接受安全检查。

对不接受安全检查的，安检机构不得放行。

第二十六条　安全检查岗位人员配备应当符合《民用航空安全检查人员定额定员标准》要求，同时应当根据需要配备单据审核岗位、已检货物抽检岗位、安检勤务调度等岗位。

第二十七条　安检机构应当建立货检工作台账，检查记录应当至少保存三个月，其中危险品、违禁品查获记录应当至少保存半年。

第二十八条　对航空货物实施安全检查前，安检机构应当审核航空货物托运人、航空货运销售代理人提交的航空货运单、报关单、航空货物安检申报清单及民航局认可的鉴定机构出具的运输条件鉴定书等航空货物运输文件资料。

航空货物安检申报清单相关内容填写应当与航空货运单一致。航空货物安检申报清单范本见本规则附件。

第二十九条　航空货物应当实行单元包装件逐一接受X射线安全检查。对通过X射线安全检查的航空货物，安检机构应当在航空货运单上加盖安检验讫章，并留存航空货物安检申报清单等相关单据。

第三十条　对经过X射线安全检查存有疑点的航空货物，安检机构应当采取开箱检查等其他检查措施，开箱检查时托运人应当在场。对采取开箱检查等其他检查措施后，仍无法排除疑点的，应当在航空货运单上加盖安检退运标识后，做退运处理。

第三十一条　安全检查中发现以下情况时，安检机构应当报告民用机场公安机关处理，不得做退运处理：

（一）普通航空货物中夹带危险品、违禁品的；

（二）伪报品名运输危险品、违禁品的；

（三）伪造、变造航空运输文件及其他有效证明文件的；

（四）扰乱安检现场秩序，影响安全检查工作顺利进行或者其他严重影响航空货运区公共秩序的。

第三十二条　航空邮件应当接受X射线安全检查。对经过X射线安全检查仍无法排除疑点的，安检机构应当会同邮政企业开箱检查。对无法排除疑点的，应当在航空邮包路单上加盖安检退运标识，退回邮政部门处理。

对在航空邮件中发现的属于国家规定的禁止寄递的物品，安检机构应报告民用机场公安机关处理，不得做退运处理。

第三十三条 对单体超大、超重等无法接受X射线安全检查的航空货物，在采取隔离停放至少24小时安全防范措施的同时，还应当采取爆炸物探测等其他检查措施。

第三十四条 对申报航空运输的危险品，安检机构应根据航空货物运输文件，对交运危险品的物理形态等进行符合性检查，防止夹带、隐匿运输与申报内容不符的危险品和国家法律、法规规定的违禁品。

第三十五条 对根据国家民用航空危险品运输管理规定可申报作为非限制性货物运输的危险品，安检机构应当在核查航空运输条件鉴定文件后，按照第三十四条规定对航空货物进行安全检查。

第三十六条 对运离机场控制区的中转货物，重新进入机场控制区时应当进行安全检查。

第三十七条 对属于国家规定免予安全检查的航空货物，有关部门应当持有效证明文件向民用机场公安机关换发免检证明。安检机构凭民用机场公安机关出具的免检证明，对航空货物免予安全检查，并留存免检证明。

除特殊规定外，免检证明格式由民用机场公安机关确定，但免检证明至少应当包括托运人名称、托运物品品名、数量、出发地、目的地、日期和批准决定和编号等内容。

第三十八条 对其他属于国家法律规定运输的特殊航空货物，安检机构应当按照国家有关规定实施安全检查。

第三十九条 对已经安全检查的航空货物，安检机构可以实施二次抽检。

第四十条 安检机构应当建立航空货物托运人、航空货运销售代理人不良行为管理制度，对存在严重违规行为的航空货物托运人、航空货运销售代理人托运的航空货物可以采取从严安检措施。

（2）民航局发【1989】第66号、民航局发【1987】第306号、国务院第201号令、邮部联【1991】第819号等文件中对货运物品的检查的规定，主要内容有以下方面。

① 对货运物品的检查。对所承运的货物，必须进行安全检查或采取其他安全措施。货物托运人不得伪报品名托运或者在货物中夹带危险品。

a.除已经安全检查，确认能保证安全的货物外，必须一律存放24小时以后方可启运。民航内部单位不得往飞机上装运未经安全检查和未办理托运手续的货物。

b.对承运的快件。报刊纸型、电视片、新闻稿件、急救物品等有时限的货物以及鲜、活货物如鲜花、蔬菜、水果、海鲜等物品，应当及时进行安全检查，确保无任何问题后方可启运。

c.对特殊部门交运的保密货物，不宜安全检查的精密仪器和其他物品，按规定凭免检证明予以免检。

　　d.成批货物必须凭交运单位出具的安全保证函，方可办理承运手续。

　　②对邮件的安全检查

　　a.航空邮件必须经过安全检查，发现可疑邮件时，安全检查部门应当会同邮政部门开包检验处理。由此引起的迟运航方不负责。

　　b.邮方必须对收寄邮件进行严格检查，不得寄属于国家、航方禁运、限运的物品和危险品。

第二节
安全技术检查的产生

一、国际上安全技术检查的产生

　　从20世纪初，第一架活塞式飞机飞上天空，到第二次世界大战后喷气式飞机成为航空运输的交通工具，至今也不过几十年的时间，而民用航空安全保卫的安全技术检查的产生则是在20世纪70年代初，至今不过几十年的时间。

　　安全技术检查的产生是形势的需要，是反劫机斗争的必然产物。劫机事件的不断发生，引起了国际社会的高度重视，联合国和国际民航组织多次通过决议，严厉谴责非法劫持和其他危害民航安全的非法行为，呼吁加强国际合作，积极采取有效措施，制止这类事件的发生。于是安全技术检查作为一项非常重要的工作应运而生，首先在航空运输业比较发达的国家产生，随后在短短的几十年中迅速发展成为全球性的重要航空安全保卫措施。

二、国内安全技术检查的产生

　　空防安全工作对民航事业的发展起着积极的保证作用，早在20世纪50年代，周恩来总理就指示民航要"保证安全第一，改善服务工作，争取飞行正常"。长期以来民航部门始终不渝地把周总理的指示作为工作总方针，坚持把安全工作放在首位。

　　民用航空事业发展迅速，根据我国民用航空安全工作的需要及我国对国际反劫机工作应承担的责任和义务，1981年3月15日，我国以公安部的名义发布通告，为了确保国际民用航空班机的安全，决定从1981年4月1日起在中华人民共和国境内各民用机场对乘坐国际航班的中外籍旅客及其携带的行李物品实行安全技术检查，至此，我国民航机场安全技术检查制度正式宣告建立。

第三节
安全技术检查工作的基本知识

一、安全技术检查的概念

安全技术检查简称安全检查，是指在特定的区域内，为保障广大人民生命、财产及公共设施的安全所采取的一种强制性的技术性检查，包括民航、客运（火车、汽车）、港口、轨道交通、场馆设施等安全检查。

其中民航安全技术检查，是指在民用机场实施的为防止劫（炸）飞机和其他危害航空安全事件的发生，保障旅客、机组人员和飞机安全所采取的一种强制性的技术性检查。

二、安全技术检查的性质

民航安全技术检查，是民航空防安全保卫工作的重要组成部分，是国务院民用航空主管部门授权的专业安检队伍，为保障航空安全依照国家法律法规对乘坐民航班机的中、外籍旅客及物品以及航空货物、邮件进行公开的安全技术检查，防范劫持、爆炸民航班机和其他危害航空安全的行为，保障国家和旅客生命财产的安全，具有强制性和专业技术性。

三、安全技术检查工作的任务

安全技术检查工作包括对乘坐民用航空器的旅客及其行李，进入隔离区的其他人员及其物品以及空运货物、邮件的安全技术检查；对候机隔离区内的人员、物品进行安全监控；对执行飞行任务的民用航空器实施监护。

四、安全技术检查工作的原则

安全技术检查工作应当坚持安全第一，严格检查，文明执勤，热情服务的原则。在具体工作中应做到以下几个方面。

1. 安全第一，严格检查

确保安全是安全技术检查的宗旨和根本目的，而严格检查则是实现这个目的的手段和对安检人员的要求。所谓严格检查，就是严密地组织勤务，执行各项规定，落实各项措施，以对国家和乘客高度负责的精神，牢牢把好安全技术检查、飞机监护等关口，切实做到证件不符不放过，安全门报警不排除疑点不放过，X射线机图像判断不清不放过，开箱（包）检查不彻底不放过，以确保飞机和旅客的安全。

2. 坚持制度，区别对待

国家法律、法规以及有关安全技术检查的各项规章制度和规定，是指导安全技术检查工作的实施和处理各类问题的依据，必须认真贯彻执行，决不能有法不依、有章不循。同时，还应根据特殊情况和不同对象，在不违背原则和确保安全的前提下，灵活掌握处置各类问题。通常情况下对各种旅客实施检查，既要一视同仁，又要注意区别，明确重点，有所侧重。

3. 内紧外松，机智灵活

内紧是指检查人员要有敌情观念，要有高度的警惕性和责任心、紧张的工作作风、严密的检查程序，要有处置突发事件的应急措施等，使犯罪分子无空可钻。外松是指检查时要做到态度自然，沉着冷静，语言文明，讲究方式，按步骤有秩序地进行工作。机智灵活是指在错综复杂的情况下，检查人员要有敏锐的观察能力和准确的判断能力，善于分析问题，从受检人员的言谈举止、行装打扮和神态表情中，察言观色，发现蛛丝马迹，不漏掉任何可疑人员和物品。

4. 文明执勤，热情服务

安全技术检查也是面向大众，对外交流的窗口。检查人员要树立好热情服务的观念，要做到检查规范，文明礼貌；要着装整洁，仪表端庄；要举止大方，说话和气，"请"字开头，"谢"字结尾；要尊重不同地区不同民族的风俗习惯。同时，要在确保安全、不影响正常工作的前提条件下，尽量为他人排忧解难。

五、安全技术检查部门的职能

安全技术检查部门具有预防和制止劫、炸机犯罪活动和保护民航班机及旅客生命财产安全的职能。具体体现为以下三个方面。

（1）预防和制止企图劫、炸机犯罪活动的职能。
（2）保护国家和人民生命财产安全的职能。
（3）服务职能。首先，在保障安全的前提条件下，安检部门要尽力保证航班能正点起飞，不因安检原因延误飞机；其次，要文明执勤，树立热情服务的观念。

六、安全技术检查的法律特征及特点

1. 安全技术检查的法律特征

安全技术检查部门有行政法规的执行权而无处罚权，这就是安全技术检查的法律特征。安全技术检查部门是保障航空安全的带有服务性质的单位,是一支有专门技术的职工队伍,执行国家法律以及国务院、民航局、公安部为保证航空安全发布的有关行政法规和规章。所以,安全技术检查带有行政执法的性质。但安全技术检查部门属于企业的一个机构,不属于行政机关,所以从这方面来讲,它不具有行政处罚权,即不具有拘留、罚款、没收的权利。

2.安全技术检查工作的特点

安全技术检查工作以中外旅客及其行李物品为主要对象,以防止劫、炸机为主要目的,以公开的安全技术检查为主要手段,是民航事业中确保飞机和旅客生命财产安全的必要措施,是一项非常重要的工作。安全技术检查工作要求在较短时间内完成所有乘机旅客及其行李物品等的安全技术检查,而且要确保安全,一旦出现失误,发生劫、炸机事件,不但后果严重,损失巨大,还将在国际国内造成极坏的政治影响。因此,其具有责任性强、政策性强、时间性强、专业性强及风险性大等特点。

第四节 安全技术检查岗位职责

安全技术检查岗位主要依据《民用航空安全检查人员定额定员》要求设置,对于航空货物安全检查岗位及职责,主要包括以下几个方面。

(1)货邮安全检查岗位 职责包括以下内容。

①按操作规程查验相关运输凭证文件,对货邮进行X射线机图像判读检查。

②对X射线机判读识别不清或可疑的货邮进行开箱手工检查。

(2)人身安全检查岗位 职责包括以下内容。

①查验相关证件,确保人证相符。

②按操作规程,采用仪器和手工相结合的方式对通过安全门的受检人员进行人身检查。

(3)防爆检查岗位 职责包括按照操作规程,在人身检查通道、货邮交运通道等工作场地,对可疑物品实施爆炸物检测。

(4)安全检查设备维修岗位 职责包括按设备维护维修规程,对安全检查仪器设备进行日常保养,以及定期或不定期的维护、维修,确保其正常运行。

(5)质量控制岗位 职责包括以下内容。

①负责安全检查信息系统的操作运行,对安全检查现场实施监控;协查相关单位的要求信息;每日生产数据及信息的整理、统计、分析、归档;查询信息系统工作状况,及时报修。

②对安全检查工作质量进行监督、测试和控制。

③ 负责落实安全检查岗位各项业务技能的基础培训和提升培训，拟写培训计划并组织实施培训各环节工作。

（6）安检现场值班岗位　职责包括以下内容。

① 负责开展安检勤务管理工作，包括勤务任务分配、组织班务会议、不正常情况处置、落实相关制度等，合理调配安检人员，保障日常工作正常有序开展。

② 负责监督检查本班组安检工作质量及行为规范，并对违反工作手册及公司规定的情况进行上报。

③ 落实本班组成员对各类民航法规、局方文件、公司文件、业务通告的传达和学习。

思考题

1. 安检法规的作用有哪些？
2. 安检员的岗位职责有哪些？

第二章

安检仪器、设备的使用和管理

> **学习目标**
>
> 熟悉各种安检仪器设备的工作原理；了解各种安检仪器、设备的测试、使用、维护和保养方法。

第一节　X射线机

一、X射线及X射线机的基本知识

1. X射线机的工作原理

X射线是一种电磁波，它的波长比可见光的波长短，穿透力强。X射线机是利用X射线的穿透特性，由射线发生器产生一束扇形窄线对被检物体进行扫描。X射线穿过传送带上移动的物品，根据X射线对不同物质穿透能力的不同，发生衰减，探测器接收到经过衰减的X射线信号，通过信号处理，转变为图像显示出来。见图2-1、图2-2。

2. X射线机的分类

（1）根据X射线的用途可分为以下三类。

① 能量分辨型手提物品微剂量X射线安全检查设备。

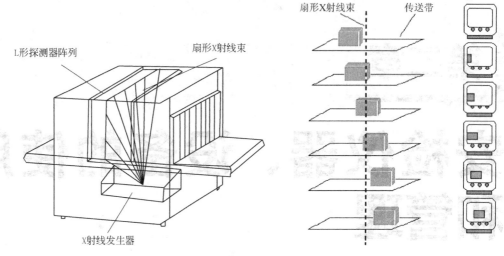

图2-1　X射线光路示意　　　　　　　　　图2-2　成像场景示意

②能量分辨型托运物品微剂量X射线安全检查设备。

③能量分辨型货物微剂量X射线安全检查设备。

（2）按射线对物体的扫描方式可分为点扫描式、线扫描式、逐行扫描式三种。

（3）按图像显示方式可分为隔行显示和SVGA逐行显示。

（4）按机械结构可分为立式机（射线顶照或底照）、卧式机（射线侧照）、车载式X射线机。

常见的航空货物运输安全检查使用的X射线机见图2-3～图2-5。

图2-3　公安部一所 CMEX-V6550B　　　　图2-4　美国RAPISCAN RAP532H

图2-5　德国海曼 Smiths Heimann HI-SCAN 145180

二、X射线机的使用及维护保养

1.开关机程序

（1）开机步骤

①查看并确保X射线机通道内无异物，启动电源，X射线机自检程序完成后机器即处于待检状态。

②检查外壳面板、显示器、键盘、电缆是否损坏。

③检查显示器图像是否清晰。

④检查通道入口及出口处的铅门帘是否缺损。

⑤检查传送带（轴）是否磨损；电源接通指示灯、等待指示灯、射线指示灯是否正常等。

（2）记录　将开机情况做好相应登记记录。

（3）关机步骤　关闭X射线机电源即完成关机操作。

2．X射线机的使用

根据不同型号的X射线机，综合运用各种功能键，对所生成的图像进行判别（以公安部一所设备为例，见图2-6）。

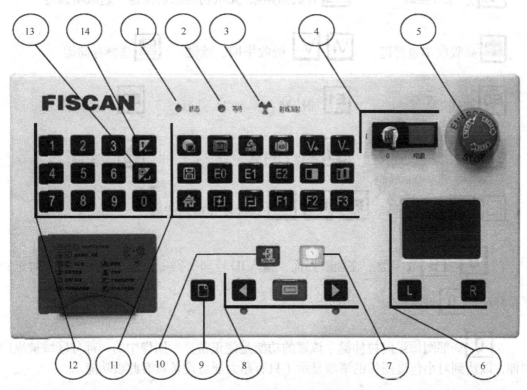

图2-6　X射线机操作面板示意

①~⑭的含义见正文叙述

① 状态指示灯：灯闪亮表示当前按键功能不可用。
② 等待指示灯：灯灭表示设备进入物品检查状态或管理界面。
③ 射线指示灯：灯亮表示X射线正在发射。
④ 钥匙开关及电源键（含指示灯）：用于接通设备电源（按键指示灯亮表示设备已通电）。
⑤ 紧急停止按钮：按下此按钮后设备立即关机；依箭头方向旋转，按钮弹起复位。
⑥ 鼠标：触摸板用于控制鼠标指针。"L"键为鼠标左键，"R"键为鼠标右键。
⑦ 可疑物品判读键：在危险品图像注入（TIP）功能使用时，若检查过程中发现可疑物品，应按此键做出应答。若TIP功能未使用按该键则状态指示灯闪亮。
⑧ 输送机运行键：按此键启动输送机运行。
输送机停止键：按此键停止输送机运行。
⑨ 强制扫描键：在检查过程中，对于薄型或镂空形状的物品，当输送机运行时按住此键发射X射线，进行连续扫描。
⑩ 注销键：在检查界面，按住此键3秒钟后，设备退出当前登录，屏幕显示登录界面。
⑪ 17个图像处理功能键

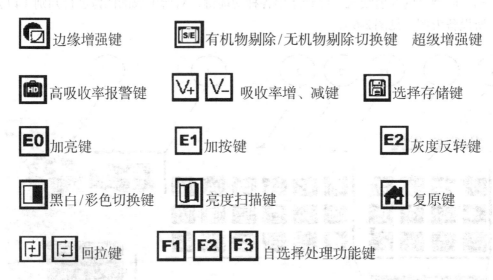

⑫ 0 ~ 9 数字键：在登录界面，输入ID号和密码；在检查界面，放大时选择屏幕分区（ 0 键除外）。

0 局部图像纵向拉伸键：该键的功能是使正常显示图像中的一部分区域被纵向拉伸，以达到对小包裹图像的清晰显示（只有超大通道设备具有此项功能）。

⑬ 放大/登录键：在登录界面，确认已输入的ID号和密码；在检查界面，启

动2倍、4倍、8倍放大功能。

⑭ [图标] 上档/回格键：在登录界面，清除错误的ID号和密码；在检查界面，与 [E2]、[E1]、[E0] 键组合使用，以分别实现超级加亮、超级加暗、伪彩色功能。

3. 预防性的安全操作规范

① 设备安装时，请电工或专业技术人员确保现场的外接电源接地端已经可靠接地。
② 设备使用前，请确保设备外壳板及铅门帘已经完整装配。
③ 设备使用中，不要打开防护盖板。
④ 设备使用中，避免让传送机长时间满负荷运行。
⑤ 设备使用中，请勿将身体任何部位伸入通道内。
⑥ 设备使用中，请勿将身体任何部位接触输送机或辊筒。
⑦ 设备关机后，方可手工清理设备通道。
⑧ 设备关机时，待电源指示灯（如图2-7）自行熄灭后方可断开外接电源。一般情况下，电源指示灯的正常延时为10秒钟。

图2-7　电源指示灯示意

⑨ 设备使用中，当发生人身或物品被输送机碾轧时，立即按下紧急停止按钮，使设备关机。
⑩ 任何时候都要避免让液体流入设备内部。如果设备进水，应立即关机并切断外接电源，及时通知专业技术人员处理。

> **注意事项**
>
> 不同尺寸和重量的货物需按照要求通过不同的X射线机，对超出或接近X射线机通道尺寸及最大负载能力的，交货人员需事先知晓并告知安检人员，如在未告知情况下交运超大超重货物，导致X射线机损坏的，交货人员负全部责任。

4. 维护及保养

① 对X射线机实行操作责任制、现场值班领导负责制，每台X射线机由当值操作安检员负责协同维护，保障其正常运行。

② X射线机在使用过程中如遇到故障，安检员应立即报告现场值班领导，关闭X射线机通道并悬挂设备维护牌，并及时进行报修。

③ 设备使用交接时，交接安检员需互相确认仪器情况。

④ 每周对X射线机进行一次清洁、维护工作，包括清洁外壳，清理传送带（轴）上杂物，调准显示器显示时间等，清洁时应关闭X射线机并悬挂设备维护牌，填写每周安检设施设备检查记录单。

⑤ 设备管理员安排每月每台X射线机进行一次停机保养。

第二节　金属探测门

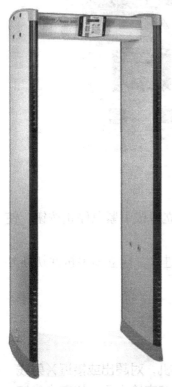

图2-8　金属探测门

一、金属探测门的工作原理

金属探测门（图2-8）的工作原理是设备发生的一连串的脉冲信号产生一个时变磁场，该磁场对探测区中的导体产生涡电流，涡电流产生的次级磁场在接受线圈中产生电压，并通过处理电路辨别是否报警。

二、金属探测门的性能特点

金属探测门具有独特的性能，符合主要安全标准和客户安全标准。它是通过感应寄生电流及均化磁场的数字信号处理方式而获得很高的分辨率，但发射磁场厚度很低，对心脏起搏器佩戴者、体弱者、孕妇、磁场媒质和其他电子装置无害。

三、影响金属探测门探测的因素

（1）金属探测门本身的因素　探测场的场强，探测方式（连续场与脉冲场），工作频率和探测程序是影响探测的最重要因素。

（2）探测物的因素　探测物的质量、形状、金属种类或合金成分以及探测场的方向。

（3）测试者的因素　测试者的人体特征、测试者通过金属探测器的速率以及测试物在测试者身上部位的不同都会对探测结果带来影响。

（4）周围环境的因素　使用环境中存在的一些金属物品、环境温度、湿度和周围电磁场的变化会影响探测器的功能。

四、金属探测门的使用及维护保养

（1）通过式金属探测门的测试

① 当一种型号的金属探测门在首次安装或改变位置后，操作员都必须重新进行调试；如果连续使用（即从未关闭过），应至少每天测试一次；在接通电源后和对人员进行检查前，都应进行测试。

② 金属探测门应调节至适应的灵敏度，但不能低于最低安全设置要求。如果金属探测门的灵敏度与以前的测试相比有所下降，就应调高其灵敏度。

③ 安装金属探测门时应避免可能影响其灵敏度的各种干扰。

④ 测试时将测试器件分别放置在人体的右腋窝、右臀部、后腰中部、右踝内侧等部位，通过金属探测门进行测试。实施测试的人员在测试时不应该携带其他金属物品。

> **注意事项**
>
> ① 金属探测门配备视觉警报显示装置，按通过的金属比例给出一个条形的视觉警报，无论环境光线情况如何，至少可以从5米外清晰地观察到，信号低于警报界限值时显示绿色，高于限界时显示红色。
>
> ② 金属探测门配有声音报警信号调节装置，可以调节持续时间、音调和音量。在距离门体1米远、1.6米高的地方测量警报的强度，至少可以从80分贝调节到90分贝。

（2）通过式金属探测门的开关机程序

① 开机步骤。查看并确保金属探测门附近未摆放大型金属物件，启动电源，使用手持金属探测器（关闭状态）分别对金属探测门左右两边的上中下三个方位进行报警测试。

② 将开机情况做好相应登记记录。

③ 关机步骤。关闭金属探测门电源即完成关机操作。

（3）金属探测门的使用

① 金属探测门具备视觉警报和声音警报功能，信号低于报警限界值时视觉警报显示绿色，声音报警无响声。

② 信号高于限界值时显示红色，声音报警响铃。
③ 受检对象必须逐一通过金属探测门检查。观察报警情况。

注意事项

① 通过安全门的受检对象不得携带大型金属工具设备或强磁性物质。
② 通过安全门的受检对象不得触碰、摇晃安全门。

（4）维护及保养
① 每周进行一次清洁工作，填写每周安检设备设施检查记录单。
② 金属探测门在使用过程中发生故障，安检员应及时报告现场值班领导，并关闭金属探测门，由现场值班领导增派安检员至门禁岗位，对进入的受检对象采取手工检查，并及时进行报修。

第三节　手持金属探测器

一、手持金属探测器的工作原理

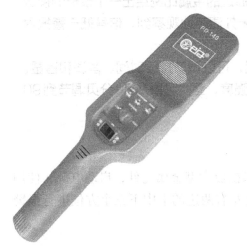

图2-9　手持金属探测器型号：PD140

正常时手持金属探测器产生恒频率磁场，灵敏度调至频率哑点（中心频率）。当探测器接近金属物品时，磁场受干扰发生变化，频率漂移，灵敏度变化，发出报警信号；探测器离开金属物品，灵敏度恢复恒定频率，此时小喇叭无声响（哑点）。见图2-9。

二、手持金属探测器的使用及维护

（1）安装（以下以PD140为例）　PD140金属探测器可由9伏干电池或VartaTR7/8型镍氢充电电池及相应类似产品供电。拧下手柄末端的盖，根据后盖上的极性指示插入电池，检查其安装正确与否。然后拧紧后盖，保证电池接触良好。

（2）开关机程序

① 开机步骤：启动电源，开启手持金属探测器，使用手持金属探测器对随身携带的金属物品（钥匙、硬币等）进行测试，确认仪器处于正常状态，观察仪器电量是否充足。

② 将开机情况做好相应登记记录。

③ 关机步骤：关闭手持金属探测器电源即完成关机操作。

（3）手持金属探测器的使用

① 位置开关可向左或向右拨动，分为响铃和振动挡。

② 灵敏度调节钮有三挡（低、中、高）可供选择，各挡位使用取决于被测金属物品的尺寸和距离，通常情况下使用中挡。

③ 电源指示灯以1秒间隔闪烁，表明电池已充电。

④ 电源指示灯快速闪烁时，表明需要更换电池或给电池充电。

（4）电池充电　将PD140的手柄插入BC140充电器就可充电。充电时探测器必须关闭。

打开充电器开关到ON位置，电源指示灯确认电源存在。完全充电所需时间为16小时。

BC140充电器可与其他类似设备串联使用。

（5）维护及保养

① 手持金属探测器属小型电子仪器，使用时应轻拿轻放，以免损坏仪器。

② 日常使用时注意防潮、防热。

③ 每周进行一次清洁工作，使用微湿柔软的布进行清洁，填写每周安检设备设施检查记录单。

④ 手持金属探测器在使用过程中如遇到故障，安检员应立即报告现场值班领导进行报修。

第四节
爆炸物探测器

一、爆炸物探测器的工作原理

IONSCAN 400B采用IMS（离子迁移光谱）检测技术，这种技术的工作原理如下。

①很多化学物质会散发出蒸气或颗粒，这些蒸气或颗粒会被与之接触的材料（衣服、行李、皮肤、容器、纸张等）的表面吸附或黏附。

② 可通过真空吸附或擦拭表面的方式来收集这些痕量的蒸气或颗粒。
③ 所收集的样品被加热变成气体。
④ 气化后的样品与放射源（^{63}Ni）发出的 β 离子碰撞后变成带电离子。
⑤ 这些离子在电场作用下沿 IMS 管"漂移"，"漂移"速率取决于离子的大小和结构。
⑥ 每种离子都有一个特征"漂移"速率，这一速率就像指纹一样，可用来识别产生每种离子的原始物质。
⑦ 爆炸物探测器就是利用计算机软件对不同物质离子"漂移"所产生的一系列峰值进行识别，检验行李物品中是否存在爆炸物。

二、爆炸物探测器的应用范围

① 帮助建立无毒品的工作场所。
② 阻止毒品运输。
③ 航空行李的安全检查。
④ 监狱中各种设备的检查。
⑤ 对怀疑是爆炸物或违禁药品的未知成分的物质进行识别。
⑥ 检查货物、邮件及行李中是否有爆炸物或违禁药品。
⑦ 政府机关所在地的安全检查及重要人物的保护。
⑧ 对重大活动现场的保护、检查。

三、爆炸物探测器的使用及维护保养

1. 爆炸物探测器使用前的准备工作（以 IONSCAN 400B 为例，下同，见图 2-10）

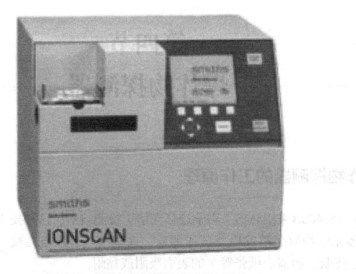

图 2-10　爆炸物探测器 IONSCAN 400B

① 操作员使用仪器前应检查仪器外观是否完好。

② 开启稳压电源，观察电压指示是否稳定在220伏±10%范围内。

③ 确保环境温度在0～40℃之间，相对湿度小于95%，仪器后面干燥剂瓶中粉色（上面）和蓝色（下面）试剂之间的分界线与黑色木炭区的距离大于2.5厘米（否则，请管理员更换干燥剂后才能开机）。

便携式爆炸物探测仪见图2-11。

图2-11 便携式爆炸物探测仪

新的干燥剂是蓝色的，使用后的干燥剂是粉色的。

2.爆炸物探测器操作规程

爆炸物探测器的操作程序分为开机自检、确认、取样、分析和关机。

（1）开机自检

① 打开仪器后面的电源开关。

② 打开电源后，仪器进行一系列自检。自检完成后，根据提示按READY/STANDBY键一次，然后等待15分钟，仪器准备就绪（绿色READY指示灯停止闪烁）。

（2）确认 确认即校验，在仪器准备好后进行，目的是确保系统干净、功能正常、能准确报警。一般情况下，确认分为三步。

① 分析空白取样布（干净取样布）。若无报警，进行下一步；若有报警，继续分析空白取样布，直到连续两次无报警为止。

② 分析确认标准（口红）。将口红轻轻涂抹在取样布中心，然后将取样布放在仪器上进行分析，正常情况下仪器报警且VERIFIC出现在报警列表中才算确认通过；否则，涂抹更多口红继续分析，直到获得VERIFIC报警。如果多次测试后无法得到VERIFIC报警，则需要做自动校准。

③ 再次分析空白取样布。按"报警复位"（ALARM RESET）键将报警声音关掉，

移出取样托盘,将刚才涂抹口红的取样布处理掉,然后再次分析空白取样布,直到不再产生报警。

注意事项

　　确认是检测仪器是否功能正常的非常关键的操作步骤,所以每次开机后、每个班次开始前、有疑问时都必须进行确认操作。

　　(3)取样　使用取样器夹住取样布,对被检行李或人员容易可能接触到爆炸物的地方像擦灰尘一样进行取样,也可直接使用取样布进行取样。
　　① 被取样的地方面积不要超过0.5平方米。
　　② 取样完成后,若取样布上能看到明显颗粒,要用手指把颗粒弹掉,否则会造成仪器污染。
　　③ 取样布只要没有被污染,不是太脏或没有弄湿,一般情况下可反复使用5次。
　　(4)分析　将所取样品放进仪器中,仪器自动进行检测和分析,并给出分析结果。
　　① 放入样品。根据显示屏提示,将取样布放入仪器中。放入取样布时,"脏"的一面朝上,将盖子盖上,使取样布上有样品的部分正好暴露在白色取样环下。将取样托盘一直推到最右边,仪器自动开始进行分析。
　　② 分析过程。分析过程自动进行,不需要操作员干预,分析时间为6.6秒。
　　③ 移走样品。分析完成后,应根据提示将样品移走,即将取样托盘向左推回原处。
　　(5)关机　连续快速两次按下READY/STANDBY键,使仪器进入"待机状态"(STANDBY),3分钟后等仪器高压降到一定程度后,关掉仪器后面的电源开关。

　　3. 维护及保养
　　① 每周对爆炸物探测器进行一次维护清洁工作,清洁仪器外观及采样测试部件,填写每周安检设备设施检查记录单。
　　② 定期检查爆炸物检测器耗材存量情况,并及时申领。
　　③ 爆炸物检测器在使用过程中如遇到故障,安检员应立即报告现场值班领导及时进行报修。

第五节
安检现场监控技术

　　对于安检现场监控技术,目前我国民航机场尚未建立起独立的系统。但从民用航空运输事业发展的前景和需要来看,建立独立的安检监控系统,应用现代化监控技术,对候机隔离区特别是安全检查现场实施监视和控制,势在必行。由于目前我国民航机场安检现场尚未普遍应用此项技术,为此,本节只对监控系统有关情况做一简单介绍。

一、监控系统的组成

主要由高清晰度摄像机(配自动光圈镜头,图2-12)、授控终端盒、综合控制台(图2-13)、监视器(图2-14)、录像机和云台组成。

图2-12 高清晰度摄像机

图2-13 综合控制台

图2-14 监视器

二、监控系统工作原理

摄像信号经遥控进入综合控制台,视频信号同时接入录像机和监视器。通过控制台可以监控任何一台摄像机的图像,录像机可同时录下所摄图像。见图2-15。

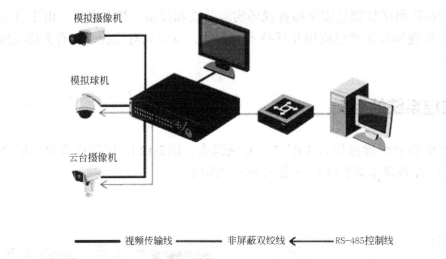

图 2-15 监控系统工作原理示意

三、监控系统的使用管理

① 监控设备应由具有电器技术维修能力的人员负责安装、调试和维修。

② 综合控制台应安装在安检现场领导值班室内，以便领导掌握安检现场的工作情况。

③ 监视器和摄像机相配套，每个安检通道应设置一台摄像机，同时在综合控制台上安装一台监视器。

④ 录像机可根据需要配置一台或多台，同时录下安检现场一个通道或所有通道的工作情况；所录下的录像带应相应保存一定的时间（根据需要决定是否清洗），以备发生纠纷或事故时调查用。

⑤ 综合控制台最好设置录像计时功能，这样，一旦发生情况便于查阅某日某时的安检工作情况。

? 思考题

1. X射线机的工作原理是什么？
2. 以下功能键，都代表了什么意思？

第三章

人身检查

> **学习目标**
>
> 了解金属探测门、手持金属探测仪的检查方法；熟悉人身检查的操作程序和工作要点。

第一节
设施设备的检查方法

一、金属探测门的检查方法

所有进出库区的人员都必须通过安全门检查（政府规定的免检者除外）。人员通过安全门之前，安检员应首先提醒其取出身上的随身物品（包括香烟、钥匙、打火机、火柴等），然后按次序逐个通过安全门。如发生报警，应使用手持金属探测器或手工人身检查的方法进行复查，彻底排除疑点后才能放行；对未报警的，可使用手持金属探测器或手工人身检查的方法进行抽查。

对被检查人员放入衣物筐中的物品，应通过X射线机进行检查，如不便进行X射线机检查的物品要注意采用摸、抇、试等方法检查是否藏匿违禁物品。

> **注意事项**
>
> 金属探测门只能对金属物品产生报警，除此之外的其他物品不会发出报警声（如炸药）；使用中，要经常对部位指示灯显示功能进行模拟检查，以便及时发现问题。

二、手持金属探测器的检查方法

手持金属探测器检查是通过金属探测器和手相结合的方法按规定程序对进出库区人员实施人身检查。检查时，金属探测器所到之处，安检员应用另一只手配合摸、按、压的动作进行。如果手持金属探测器报警，人身检查应配合触摸报警部位进行复查，以判断报警物质性质，同时请被检查人员取出物品进行检查。取出物品后，人身检查员应对该报警部位进行复查，确认无误后，方可进行下一步检查。

第二节
人身检查的实施

一、证件检查

1. 库区通行证件的种类

库区通行证件一般分为人员证件和车辆通行证件。人员证件分为长期通行证、临时通行证。

2. 人员库区通行证检查的程序

① 示意进入库区的人员接受证件检查。
② 查看证件外观式样、规格、塑封、印刷、照片是否与规定相符，是否有效。
③ 查看证件的有效期是否在规定的有效期内。
④ 检查持证人与证件照片是否一致，确定是否为持证人本人。
⑤ 看持证人到达的区域是否与证件限定的范围相符。
⑥ 如证件内配有电子芯片的，在专用读卡设备上进行识读。
⑦ 如有疑问，可向证件所注的使用单位或持证人本人核问清楚。
⑧ 检查完毕，将证件交还持证人。经查验后符合的放行，不符合的拒绝进入。

3. 人员库区通行证件的检查要素

无论是长期或是临时库区通行证件，证件上都需标注持证人照片、公司名称、所属单位、可通行区域、有效期等要素。安检人员应根据库区通行证管理规定实施证件检查工作。

4. 人员库区通行证件的检查方法

查验证件时应采取检查、观察和询问相结合的方法，具体为"一看、二对、三问"。

看：就是对证件进行检查，要注意甄别证件的真伪，认真查验证件的外观式样、规格、塑封、照片、印章、颜色、字体、印刷以及有效期等主要识别特征是否与规定相符，有无变造、伪造的疑点。如人员库区通行证件内含电子芯片，应使用读卡设备对证件进行识读，辨别真伪。

对：就是观察辨别持证人与证件照片的性别、年龄、相貌特征是否吻合，有无疑点。

问：就是对有疑点的证件，通过简单询问其姓名、单位或部门等进一步加以核实。

二、人身检查

1. 人身检查的定义

采用仪器和手工相结合的方式，对所有进出库区人员的人身进行安全技术检查，其目的是为了发现其人员身上藏匿的危险品、违禁品及限制物品，保障库区及空防安全。

2. 人身检查的程序

从前衣领→右肩→右大臂外侧→右手→右大臂内侧→腋下→右前胸→右上侧外侧→腰、腹部→左肩→左大臂外侧→左手→左大臂内侧→腋下→左前胸→左上侧外侧→腰、腹部。

从右膝部内侧→裆部→左膝部内侧。

从头部→后衣领→背部→后腰部→臀部→左大腿外侧→左小腿外侧→左腿→左小腿内侧→右小腿内侧→右脚→右小腿外侧→右大腿外侧。

3. 人身检查的重点对象

① 精神恐慌、言行可疑、伪装镇静者。
② 冒充熟人、假献殷勤、接受检查过于热情者。
③ 表现不耐烦、催促检查或者言行蛮横、不愿接受检查者。
④ 窥视检查现场、探听安全检查情况等行为异常者。
⑤ 上级或有关部门通报的来自恐怖活动频繁的国家和地区的人员。
⑥ 着装与其身份不相符或不合时令者。
⑦ 检查中发现的其他可疑对象。

4. 人身检查的重点部位

头部：头发容易被人忽视，但有时是可能利用的部位。如在头发中可隐藏雷管、子弹等物品。

肩胛：肩胛部位可用于捆绑或粘贴较大体积的匕首等违禁物品。

胸部：胸部容易隐匿手枪、匕首、炸药等危险品，特别是女性。

臀部：臀部下部容易被用来藏匿违禁物品。

腋下：最容易藏匿危险品，应特别注意仔细检查。

裆部：裆部隐藏危险品、毒品情况较多，检查中不容忽视。

腰部：最容易被利用的地方，必须从严检查。

腹部：空间较大，从外表上不易看出，须通过摸、按、压等方法从严检查。

脚部：是藏匿枪支、弹药、子弹、刀具的理想位置，而且取用方便，应特别注意。

5. 不正常情况的处置

① 若发现进入库区的人员体貌特征与公安机关通缉的嫌犯相似或相同的，应将其控制，上报安检现场值班领导，由安检现场值班领导上报部门并移交公安机关。

② 查获进入库区的人员冒用他人证件及使用假证或涂改证件信息的情况，暂扣其证件，报安检现场值班领导，经确认无误后报安检部门，将人员和证件移交空防管理部门。

③ 若发现出入库区人员有偷盗物品行为、携带违禁品的，控制住人员及物品，通知安检现场值班领导，移交安检部门。

④ 遇有强行闯关、拒绝接受安检、在安检现场无理取闹、扰乱现场工作秩序或妨碍安检人员执行公务的行为且不听劝阻的，应立即对相关人员进行控制，移交公安机关处理。

思考题

1. 详细介绍一下人身检查的重点部位。
2. 人身检查的程序是由上至下、从前往后？具体说明各部位的流程。

第四章

航空货物检查

学习目标

了解航空货物的种类，区分检查程序和方法；熟悉并掌握各类航空货物安全检查的流程；掌握不符合航空运输要求的货物的处置方法。

航空货物是指经航空运输的物品和物质，主要包括普通货物、邮件、单体超大超重货物和其他货物等，有特殊规定的除外。所有进入机场货运控制区的航空货物，都应当接受安全检查，或采取民航局认可的其他安全措施。防止违禁品和未经申报的危险品进入货运隔离区。

第一节
货物安全检查的准备工作

一、货物安全检查勤务准备工作的实施

①安检员按时到达各自工作岗位，做好台账记录、遗留事物处置、设备设施情况等各项交接工作。

②安检现场值班领导办理交接班手续，包括上级的文件、指示；执勤中遇到的问题及处理结果；设备使用情况；遗留问题及需要注意的事项等。

③安检现场值班领导下发安检验讫章到每一名安检员，工作期间由安检员进行妥善保管。

注意事项

验讫章实行单独编号、号码不可重复,落实到各班组使用;上岗时安检放行章由安检员各自单独保管并使用,不可转交他人使用,以明确责任到人。

二、货物安全检查设备设施准备工作的实施

① 开启X射线机、防爆探测仪自检测程序,确认仪器处于正常状态。
② 检查X射线机通道内有无异物。
③ 开机检测,安检员做好登记工作,记录开机检测时间、检测结果等。
④ 安检设备、设施在检测过程中发现故障时及时报修,同时上报安检现场值班领导。

第二节 常见的航空货物运输凭证

航空货物运输凭证是指由托运人(或其代理人)提交给承运人表明其交运货物符合承运要求的相关证明文件。

一、常见航空货物运输凭证的种类

1. 国内货物运输的主要凭证

① 航空货物托运书。
② 航空出发货物交接单。
③ 航空货运单。
④ 航空货邮舱单。
⑤ 生产单位证明(安全保证函)或产品说明书。
⑥ 货物运输条件鉴定书。
⑦ 准运证。

2. 国际货物运输的主要凭证

① 航空货物安全检查申报单。
② 航空货物托运书。

③ 航空货运单。
④ 托运人危险物品申报单。
⑤ 危险物品收运核查单。
⑥ 特种货物装载机长通知单。
⑦ 出口货物入库单。
⑧ 非单一包装证明。
⑨ 中华人民共和国出入境检验检疫。
⑩ 出境货物运输包装性能检验结果单。

二、安检人员常见货物运输文件及相关内容

1. 航空货物托运书

是指航空货物托运人办理航空货物托运时填写的书面文件，是据以填开航空货运单的凭据。主要分为国内航空托运书和国际航空托运书。

（1）国内货物托运书的基本内容

① 始发站、目的站、填写货物空运的出发和到达城市名。
② 托运人及收货人姓名或单位、地址、邮政编码、电话号码。
③ 储运注意事项及其他：货物特性和储存运输过程中的注意事项。如易碎、防潮、防冻，急件或最迟运达期限，损坏、丢失或死亡自负，货物到达后的提取方式等。
④ 声明价值：向承运人声明的货物价值。
⑤ 保险价值：通过承运人向保险公司投保的货物价值。
⑥ 件数：货物件数。
⑦ 毛重：货物的实际重量。
⑧ 运价种类：分别以 M、N、Q、C、S 代表最低运费、普货基础运价、重量分界点运价、指定商品运价和等级货物运价。
⑨ 商品代号：以四位数字或者英文代表指定商品的货物类别。
⑩ 计费重量：根据货物毛重、体积折算的重量或采用重量分界点运价比较后最终确定的计费重量。
⑪ 费率：适用的运价。
⑫ 货物品名（包括包装、尺寸或体积）：
  a. 填写货物的具体名称，不得填写表示货物类别的笼统名称。如黄连素、地塞米松、麻黄素不能写成西药，手提电话不能写成配件、通讯器材或电子产品等。
  b. 填写货物的外包装类型。如纸箱、木箱、麻袋等。如包装不同，应分别注明包装类型和数量。
  c. 填写每件货物的尺寸或该批货物的总体积。
⑬ 托运人或其代理人签字：必须由办理托运的托运人签字或盖章，不得代签或空白。

⑭ 托运人或其代理人有效身份证件号码：托运人有效身份证件的名称、号码。

⑮ 经手人：分别由货物安检人员、货物检查员、过磅员、标签填写员签字并打印货运单位号和填写日期，以明确责任。

（2）国际货物托运书的基本内容

① AIRPORT OF DEPARTURE：始发站机场全称。

② AIRPORT OF DESTINATION：目的站机场全称。

③ ROUTING AND DESTINATION：指定运输路线及到达机场。

④ SHIPPER'S NAME AND ADDRESS：托运人的全称、地址、城市、国家及电话号码（或传真、电传号码）。

⑤ SHIPPER'S ACCOUNT NUMEBR：托运人账号（除非承运人需要，此栏可不填）。

⑥ CONSIGNEE'S NAME AND ADDRESS：收货人的全称、地址、城市、国家及电话号码（或传真、电传号码）。

⑦ CONSIGNEE'S ACCOUNT NUMBER：收货人账号（除非承运人需要，此栏可不填写）。

⑧ ALSO NOTIFY：另请通知。

如果货物除了填在收货人栏内的收货人外，还有另请通知人，可填入此收货人姓名、详细地址、电话等。

⑨ FLIGHT/DAY：航班/日期。

⑩ BOOKED：预留吨位。由承运人填写是否预留吨位。

⑪ CHARGES：运费。

⑫ SHIPPER'S DECLARED VALUE：托运人声明的价值。托运人申报的货物运输声明价值的全额。如果没有声明价值则应填"NVD"——NO VALUE DECLARED。托运人向海关申报的价值（根据商业发票），如该货物没有商业价值，应填"NCV"——NO COMMOCIAL VALUE。

⑬ FOR CARRIAGE：供运输用。

⑭ FOR CUSTOMS：供海关用。

⑮ AMOUNT OF INSURANED：保险金额。如果承运人向托运人提供货物保险服务的活，此栏可填入货物的实际价值或投保金额。

⑯ DOCUMENTS TO ACCOMPANY AIR WAYBILL：所附文件。填写货运单所附随机文件，如发票、装箱单等。

⑰ NO.OF PACKAGES：货物总件数。

⑱ ACTUAL GROSS WEIGHT（kg）：实际毛重（千克）。

⑲ RATE DLASS 运价类别。填写运价的类别，根据需要选用 M、N、Q、C、R、S、U、E、X、Y 等。

⑳ CHARGEABLE WEIGHT：收费重量。

㉑ RATE/CHARGE：费率。填写适用的每千克货物运价，如果为最低运费，也应

填在本栏。

㉒ NATURE AND QUANTITY OF GOODS（INCL.DIMENSIONS OR VOLUME）货物品名及数量。

根据各类不同的货物详细填写其具体品名及货物的长、宽、高，包装尺寸以厘米为单位，对危险物品必须注明其专有名称的包装级别。

2.航空货运单

是指航空货物托运人或者航空货物托运人委托承运人填制的，是航空货物托运人和承运人之间为在承运人的航线上承运航空货物所订立合同的证据。

（1）国内航空货运单内容

①国内航空货运单应由托运人填写，连同货物交给承运人。如应托运人请求代其填写货运单时，应根据托运书所填写，并经托运人签字。此货运单就视为托运人填写的货运单。

②国内航空货运单由承运人（或其代理人）和托运人（或其代理人）双方签字或者盖章方可生效。

③国内航空货运单应按编号顺序使用，不得越号。

④托运人应当对国内航空货运单上所填关于货物的说明和声明的正确性负责。

⑤国内航空货运单必须填写正确，清楚，不得修改，如填写错误，应另行填制新的货运单。填错作废的货运单，应加盖"作废"的戳印，除第八联留存外其余各联随同销售日报送交财务部门注销。

国内航空货运单一式八份，其中正本三份、副本五份。国内航空货运单各联的名称、具体用途见表4-1。

表4-1　国内航空货运单各联的名称和用途

印刷顺序	名称	颜色	用途
第一份	正本3 托运人联	淡蓝色	交托运人
第二份	正本1 财务联	淡绿色	交开票人财务
第三份	副本7 第一承运人联	淡粉色	交第一承运人
第四份	正本2 收货人联	淡黄色	交收货人
第五份	副本4 货物交付联	白色	交付货物收据
第六份	副本5 目的站联	白色	交目的站机场
第七份	副本6 第二承运人联	白色	交第二承运人
第八份	副本8 代理人/承运人开票存根联	白色	交开票人存根

国内航空货运单上安检人员应知晓的重点内容见图4-1。

781– 8405175 2 ① 781– 8405175 2

始发站 Airport of Departure	②	目的站 Airport of Destination	③	不得转让 NOT NEGOTIABLE

托运人姓名、地址、邮编、电话号码 Shipper's Name, Address, Postcode & Telephone No.

航空货运单 AIR WAYBILL

中國東方航空公司 CHINA EASTERN AIRLINES

中国 上海 虹桥路2550号 Shanghai Bldg., 2550 Hongqiao Road Shanghai, China 邮政编码 Post Code: 200335

印发人 Issued by

航空货运单一、二、三联为正本，并具有同等法律效力 Copies 1, 2 and 3 of this Air Waybill are originals and have the same validity

收货人姓名、地址、邮编、电话号码 Consignee's Name, Address, Postcode & Telephone No.

结算注意事项 Accounting Information

31004b331173135 发票专用章

填开货运单的代理人名称 Issuing Carrier's Agent Name

航线 Routing	到达站 To	第一承运人 By First Carrier	到达站 To	承运人 By	到达站 To	承运人 By

航班/日期 Flight/Date	航班/日期 Flight/Date	运输声明价值 Declared Value for Carriage	运输保险价值 Amount of Insurance

储运注意事项及其它 Handling Information and Others

④

件数 No. of Pcs 运价点 RCP	毛重（千克）Gross Weight (Kg)	运价种类 Rate Class	商品代号 Comm. Item No.	计费重量（千克）Chargeable Weight (Kg)	费率 Rate/Kg	航空运费 Weight Charge	货物品名（包括包装、尺寸或体积）Description of Goods (incl. Packaging, Dimensions or Volume)
⑤	⑥						⑦

预付 Prepaid		到付 Collect
	航空运费 Weight Charge	
	声明价值附加费 Valuation Charge	
	地面运费 Surface Charge	
	其他费用 Other Charges	
	总额（人民币）Total (CNY)	
付款方式 Form of Payment		

其他费用 Other Charges

本人郑重声明：此航空货运单上所填货物品名和货物运输声明价值与实际交运货物品名和货物实际价值完全一致。并对所填航空货运单和所提供的与运输有关文件的真实性和准确性负责

Shipper certifies that description of goods and declared value for carriage on the face hereof are consistent with actual description of goods and actual value of goods and that particulars on the face hereof are correct.

托运人或其代理人签字、盖章 Signature of Shipper or His Agent

填开日期 Executed on (Date)　填开地点 At (Place)　填开人或其代理人签字、盖章 Signature of Issuing Carrier or Its Agent

781– 8405175 2

上海航空印刷有限公司 SHANGHAI AVIATION PRINTING CO. LTD

正本3（托运人联）甲 ORIGINAL 3 (FOR SHIPPER) A

图4-1 国内航空货运单

①运单号；　②始发站，如上海；　③目的地，如北京（主要特殊区域）；
④储运注意事项及其他（注意是否有特殊要求，如危险品，特殊货物等）；
⑤货物交运的件数；　⑥货物交运的重量；
⑦货物申报的品名（注意查看申报品名是否与实物相符，是否填写泛指品名）

（2）国际航空货运单

国际航空货运单由12联组成，包括3联正本、6联副本和3联额外副本。其中，正本3为托运人联，货运单填开完毕后，此联交给托运人作为托运货物及交付运费的收据。同时，也是托运人与承运人之间签订的有法律效力的运输文件。

国际航空货运单各联的名称和用途见表4-2。

表4-2 国际航空货运单各联的名称和用途

印刷顺序	名称	颜色	用途
第一份	正本3	蓝色	交托运人
第二份	正本1	绿色	交财务部门
第三份	副本9	白色	交代理人
第四份	正本2	粉色	交收货人
第五份	副本4	黄色	交货收据
第六份	副本5	白色	交目的站机场
第七份	副本6	白色	交第三承运人
第八份	副本7	白色	交第二承运人
第九份	副本8	白色	交第一承运人
第十份	额外副本	白色	
第十一份	额外副本	白色	
第十二份	额外副本	白色	

① 填开货运单要求使用英文打字机或计算机，用英文大写字母打印，各栏内容必须准确、清楚、齐全，不得随意涂改。

② 货运单已填内容在运输过程中需要修改时，必须在修改项目的旁边盖章注明修改货运单的空运企业名称、地址、日期，修改货运单时，应将所有剩余的各联一同修改。

③ 货运单的各栏目中，有些栏目印有阴影。其中，有标题的阴影栏目仅供承运人填写使用；没有标题的阴影栏目一般不需填写，除非承运人特殊需要。

国际航空货运单上安检人员应知晓的重点内容见图4-2。

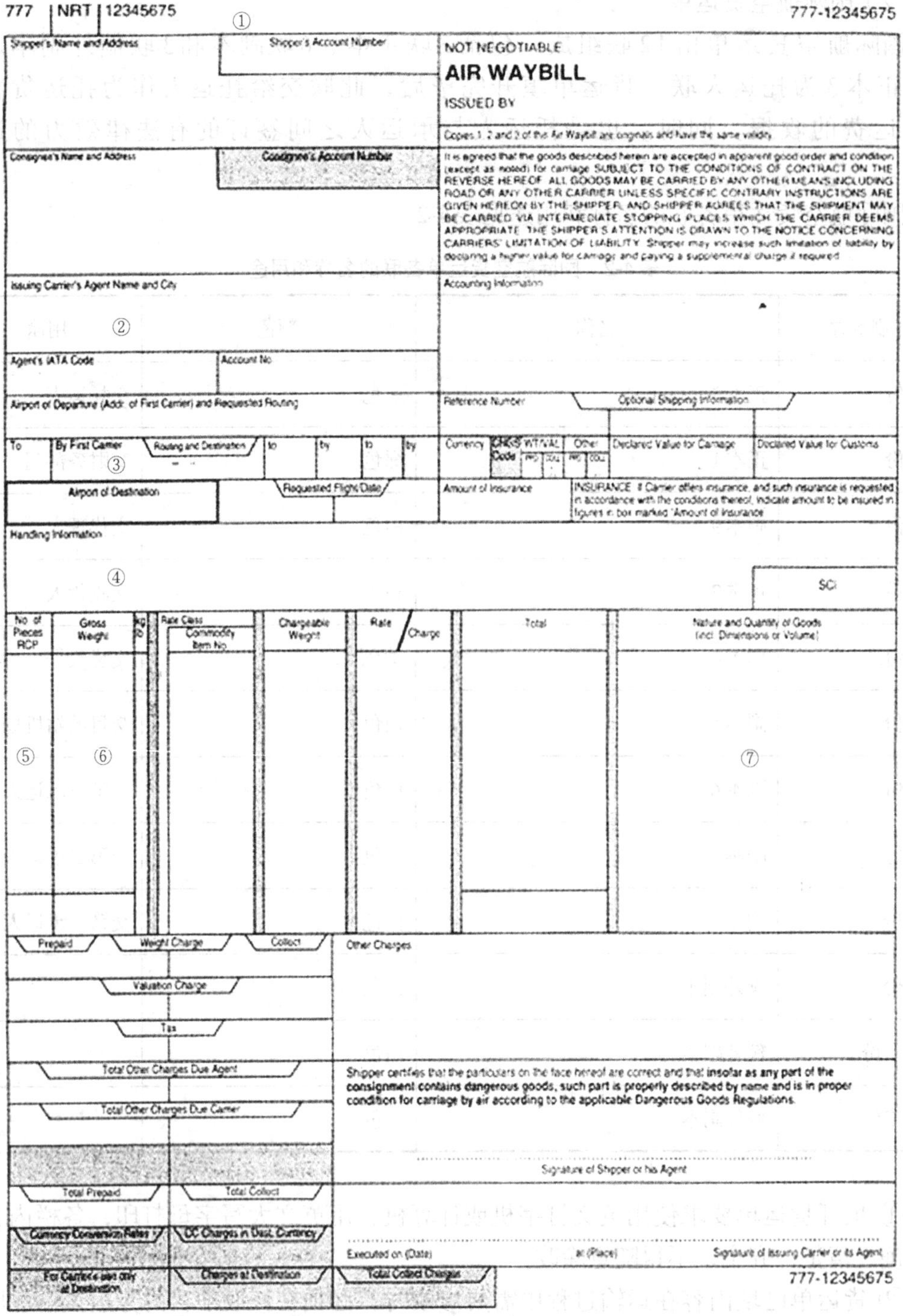
777 | NRT | 12345675 ①　　　777-12345675

Shipper's Name and Address | Shipper's Account Number

NOT NEGOTIABLE

AIR WAYBILL

ISSUED BY

Copies 1, 2 and 3 of this Air Waybill are originals and have the same validity

Consignee's Name and Address | Consignee's Account Number

It is agreed that the goods described herein are accepted in apparent good order and condition (except as noted) for carriage SUBJECT TO THE CONDITIONS OF CONTRACT ON THE REVERSE HEREOF. ALL GOODS MAY BE CARRIED BY ANY OTHER MEANS INCLUDING ROAD OR ANY OTHER CARRIER UNLESS SPECIFIC CONTRARY INSTRUCTIONS ARE GIVEN HEREON BY THE SHIPPER, AND SHIPPER AGREES THAT THE SHIPMENT MAY BE CARRIED VIA INTERMEDIATE STOPPING PLACES WHICH THE CARRIER DEEMS APPROPRIATE. THE SHIPPER'S ATTENTION IS DRAWN TO THE NOTICE CONCERNING CARRIERS' LIMITATION OF LIABILITY. Shipper may increase such limitation of liability by declaring a higher value for carriage and paying a supplemental charge if required.

Issuing Carrier's Agent Name and City ②

Accounting Information

Agent's IATA Code | Account No

Airport of Departure (Addr. of First Carrier) and Requested Routing

Reference Number | Optional Shipping Information

To | By First Carrier | Routing and Destination | to | by | to | by ③

Currency | CHGS Code | WT/VAL PPD COLL | Other PPD COLL | Declared Value for Carriage | Declared Value for Customs

Airport of Destination | Requested Flight/Date

Amount of Insurance | INSURANCE: If Carrier offers insurance, and such insurance is requested in accordance with the conditions thereof, indicate amount to be insured in figures in box marked "Amount of Insurance"

Handling Information ④

SCI

No. of Pieces RCP	Gross Weight	kg lb	Rate Class Commodity Item No.	Chargeable Weight	Rate / Charge	Total	Nature and Quantity of Goods (incl. Dimensions or Volume)
⑤	⑥						⑦

Prepaid | Weight Charge | Collect

Other Charges

Valuation Charge

Tax

Total Other Charges Due Agent

Shipper certifies that the particulars on the face hereof are correct and that **insofar as any part of the consignment contains dangerous goods, such part is properly described by name and is in proper condition for carriage by air according to the applicable Dangerous Goods Regulations.**

Total Other Charges Due Carrier

Signature of Shipper or his Agent

Total Prepaid | Total Collect

Currency Conversion Rates | CC Charges in Dest. Currency

Executed on (Date) | at (Place) | Signature of Issuing Carrier or its Agent

For Carrier's use only at Destination | Charges at Destination | Total Collect Charges

777-12345675

图4-2　国际航空货运单

①运单号；　　　　②代理人三字代码；　　　③始发地机场，如上海浦东；

④目的地机场，如法兰克福；

⑤货物交运的件数；　⑥货物交运的重量；

⑦货物申报的品名（一般填写CONSOL,具体品名信息附于报关单上）

3.航空货物安检申报清单

航空货物安检申报清单（图4-3）是由国家民航局制定的体现航空货物申报信息及安检过程信息的申明单据，分为托运人（或其代理人）部分和安检部分。主要填写内容包含如下方面。

（1）托运人（或其代理人）部分

① 航空货物托运人名称：航空货物托运人公司全称。

② 运单号：航空货运单上所列号码。

③ 日期：航空货物交运进行安全检查日期。

④ 航空货运销售代理人名称。

⑤ 航协资质认定代码：销售代理人公司英文三字代码。

⑥ 货物品名：实际申报的货物详细名称。

⑦ 千克：航空货运单上所列各货物重量。

⑧ 件数：航空货运单上所列各货物件数。

⑨ 目的地：航空货物运输到达城市名称。

⑩ 航空货物运输条件鉴定书出具单位：为申报的航空货物进行符合性运输鉴定的检测机构名称，如上海化工研究院、上海市计量监测局等。

⑪ 鉴定书编号：航空货物运输条件鉴定书上表示独一无二的号码。

⑫ 航空货物托运人签章：航空货物托运本人签字或托运公司所敲公章。

⑬ 航空货运销售代理人签章：航空货物销售代理公司所敲公章。

（2）安检部分

① 安全检查开始时间：每票航空货运单上所列货物中，第一件货物进入安全检查通道进行安全检查所示时间。

② 安全检查结束时间：每票航空货运单上所列货物全部完成安全检查时间。

③ 安全检查通道：航空货物所进入的安全检查通道编号，一般为安检机构安排的X射线机序号。

④ 安全检查结论：航空货物完成安全检查后，安检机构给予的结论，如正常、不正常及理由。

⑤ X射线机操作员：对本申报清单所列货物进行X射线机检查的安检员本人签字。

⑥ 开箱包检查员：对货物进行开箱包检查的安检员本人签字。

⑦ 安检勤务调度员：对现场安检勤务进行调配人员签字。

⑧ 单据审核员：对本申报清单托运人（或其代理人）填写部分内容与提供的运输凭证相符性进行审核的安检员签字。

⑨ 已检货物抽检员：对已经过安全检查的货物采取再次抽查的安检员签字。

⑩ 已检货物抽检情况：对抽查结果给予的结论，如正常、不正常及理由。

（3）航空货物安检申报清单填写要求

① 托运人（或其代理人）部分内容应与航空货运单及提供的货物运输条件鉴定书内容相符。

② 安检部分内容应与实际操作相匹配，不得出现记录不全或漏填。
③ 所有签字栏必须由相应操作人员本人签字，不得由他人冒签。
④ 所有签章栏必须加盖公司公章，不得使用其他印章代替。

航空货物安检申报清单（范本）

航空货物托运人名称：_____ 运单号：_____ 日期：_____

航空货运销售代理人名称：_____ 航协资质认定代码：_____

货物品名	千克	件数	目的地	航空货物运输条件鉴定书出具单位	鉴定书编号

我声明：以上申报内容真实可信，与实际货物相符，愿承担一切因该货物产生的后果和法律责任。

航空货物托运人签章		航空货运销售代理人签章	

以下由安检人员填写

安全检查开始时间		安全检查结论	
安全检查结束时间			

安全检查通道	____号X射线机	X射线机操作员		开箱检查员	
安检勤务调度员			单据审核员		
已检货物抽检员			已检货物抽检情况		

图4-3 航空货物安检申报清单（范本）

4.航空货物运输条件鉴定书

是指由承运人认可的具有资质的鉴定机构开具的证明所运输的货物符合航空运输要求的文件。

（1）需要提供航空货物运输条件鉴定书的货物类别主要包括以下方面：

① 化工品；
② 磁性物质；
③ 锂电池类货物；
④ 危险品。

（2）提供航空货物运输条件鉴定书过程中应满足以下要求：

① 开具航空货物运输条件鉴定书的鉴定机构必须是经过备案且为安检机构认可的；
② 航空货物运输条件鉴定书必须在有效期内；
③ 航空货物运输条件鉴定书各项目的填写必须规范、齐全，不得有涂改、粘贴等伪造、变造痕迹；
④ 航空货物运输条件鉴定书的暗记及各页敲章必须相互吻合；
⑤ 对需要提供航空货物运输条件鉴定书原件的，不得仅提交复印件。

（3）各类航空货物运输条件鉴定书样张及识别重点

① 化工品鉴定书样张及识别重点，见图4-4。

（a）

货物运输条件鉴定书
Certification for Safe Transport of Chemical Goods

NO. 2014256751

Page 1/2

样品名称 Name of Goods	中文 Chinese	叔丁基{3-(2-(2-氧乙酰基)-3-甲氧基苯氧基)丙基}氨基甲酸酯
	英文 English	tert-butyl {3-(2-(2-cyanoacetyl)-3-methoxyphenoxy)propyl} carbamate
送检单位 Shipper		上海合全药业股份有限公司
生产单位 Manufacturer		上海合全药业股份有限公司
检查方法、程序 Inspection Methods and Procedures		国际航空运输协会《危险品规则》55版 IATA Dangerous Goods Regulations (DGR) 55th Edition
样品外观与气味 Appearance & Odor		淡黄色粉末,稍有气味 Pale yellow Powder, Weak odor

鉴定结论 IDENTIFICATION CONCLUSION

1. 危险性识别(Hazards identification)
   无。
   None.

2. 空运按照IATA DGR办理的类项(Suggestion according to IATA DGR)
   可按普通货物条件办理。 ←———— 查看鉴定结论判别是否为普通货物
   The substance is not subject to IATA DGR.

3. 包装要求(Packaging requirements)
   可按普通货物条件办理。
   The goods are packaged according to the packaging requirements of ←———— 查看生效时间是否有效（鉴定书当年有效）
   ordinary goods.

   检查日期：2014年01月03日至2014年01月07日 生效日期：2014年01月07日

备注 Comment: 无。 None.

批准 Approver: 张小沁　审核 Checker: 董华栓　主检 Appraiser: 吴之平

(b)

查看每一页鉴定书编号 ————→ 货物运输条件鉴定书
是否相同　　　　　　　　　　Certification for Safe Transport of Chemical Goods

NO. 2014256751

Page 2/2

鉴定项目 Identification Item	鉴定结果 Identification Conclusion
爆炸危险性鉴定 Identification of Explosive Hazard	该货物不属于爆炸品。 The product is not classified in Explosives.
易燃危险性鉴定 Identification of Flammable Hazards	该货物不属于易燃危险品。 The product is not classified in flammable substance.
氧化危险性鉴定 Identification of Oxidative Hazards	该货物不属于氧化剂和有机过氧化物。 The product is not classified in oxidizing substances and organic peroxides.
毒害及传染危险性鉴定 Identification of Toxic & Infectious Hazards	该货物不属于有毒和传染性物质。 The product is not classified in toxic and infectious substances.
放射危险性鉴定 Identification of Radioactive Hazard	该货物无放射危险性。 The product is not classified in radioactive material.
腐蚀危险性鉴定 Identification of Corrosive Hazard	该货物不属于腐蚀品。 The product is not classified in corrosives.
其他危险性鉴定 Identification of other Hazards	该货物无其它危险性。 The product presents no other dangerous properties.

(c)

图4-4　化工品鉴定书样张及识别重点

② 磁性物质鉴定书样张及识别重点，见图4-5。

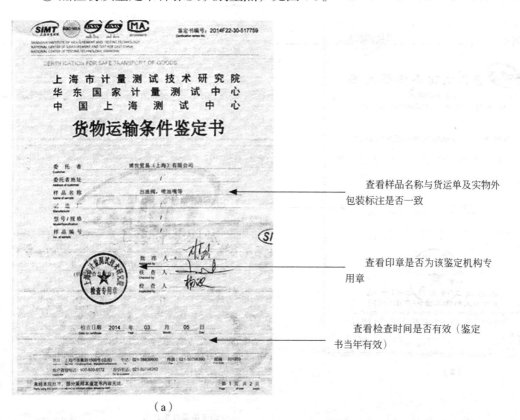

(a)

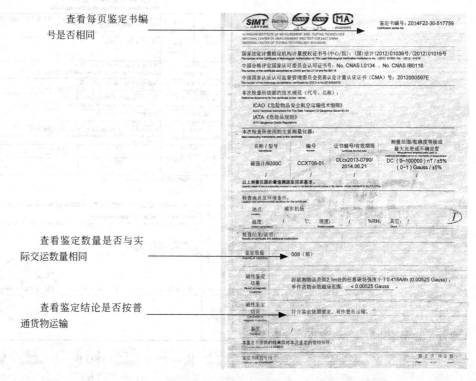

图4-5 磁性物质鉴定书样张及识别重点 (b)

③ 锂电池类货物鉴定书样张及识别重点，见图4-6。

(a)

(b)

查看检查结果明确锂电池性质，是否属于可运输范围，包装是否符合要求

（c）

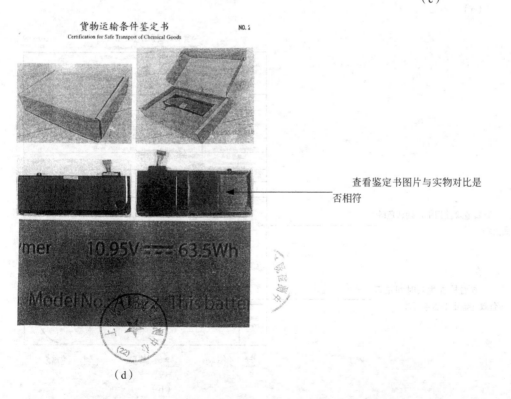

查看鉴定书图片与实物对比是否相符

（d）

图4-6　锂电池类货物鉴定书样张及识别重点

第四章　航空货物检查

④ 危险品鉴定书样本及识别重点，见图4-7。

（a）

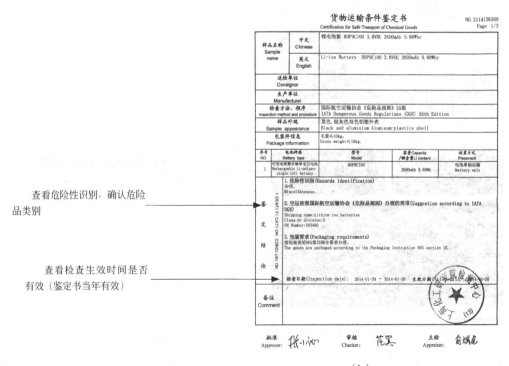

（b）

图4-7 危险品鉴定书样本及识别重点

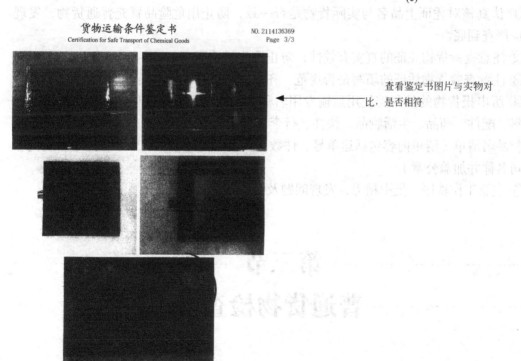

图4-7 危险品鉴定书样本及识别重点

5.邮件路单

邮件路单是始发站向到达站用飞机运送邮件的交接凭证,在同一航段内部通常也用来作为各个环节交接邮件的清单。检查中发现有下列情形之一的可不予受理:

① 缺少相关人员签字的;

② 邮件路单上的内容、项目没有填写全面,字迹难以辨认的。

6.活体动物运输检疫证明

检查中发现有下列情形之一的可不予受理:

① 证明上品名与实物不相同的,或证明已过有效期,或有涂改痕迹的;

② 属于检疫范围的活体动物,不能提供当地检疫部门的禽类、动物检疫合格证明的;

③ 属于国家禁止运输的活体动物,不能提供政府主管部门出具的准运证明的;

④ 属于市场管理范围的活体动物,不能提供市场管理部门出具的准运证明的。

7.免检证明

是指由相关部门出具的可作为有效运输凭证的证明文件,用于如机密文件、外汇箱(袋)、外交信袋等特殊货物中使用。

三、货物凭证检查时的注意事项

① 认真核对凭证上品名与实际货物是否一致,防止用危险品冒充普通货物,发现可疑应严查到底。

② 注意查验货物凭证的真实有效性,防止涂改、伪造。

③ 注意查验货物凭证的填写是否规范、齐全,防止篡改和错误。

④ 所申报货物的品名需使用运输专用名称,不能使用概念性称谓和生活称谓,例如资料、配件、药品、生活物品、快件、行李,若品名填写不全需向安检人员出示详尽的货物品名清单(清单内容包括运单号、件数、重量、目的地、航班号、托运人或代理人公司名称并加盖公章)。

⑤ 注意工作秩序,集中精力,发现问题及时请示,妥善处理。

第三节 普通货物检查

普通货物检查指对托运人没有特殊要求,承运人和国家民航局对货物没有特殊规定的货物进行安全检查,这类货物一般按照正常的运输程序处理,也就是随到随检,所有物品都要经过X射线机及采取其他符合国家民航局认可的检查方法。

一、普通货物检查程序

图4-8为货物安全检查流程。

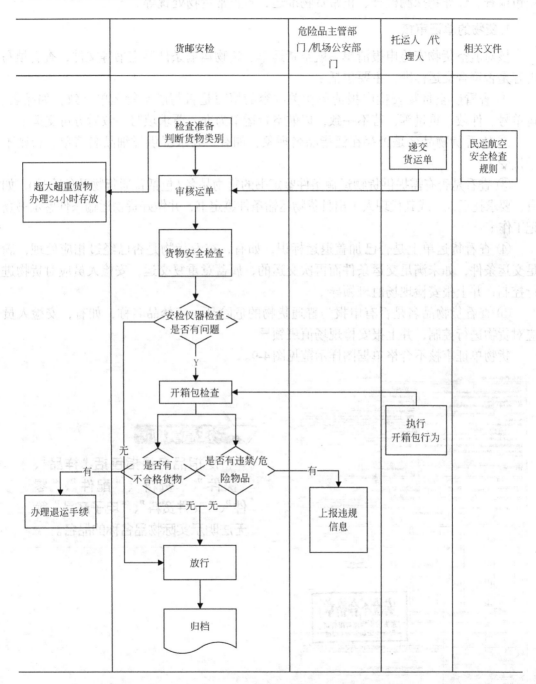

图4-8 货物安全检查流程

二、普通货物检查及处置方法

普通货物检查程序涉及的主要检查及处置方法包括：单证审核、X射线机检查、开箱包检查、爆炸物探测检查、正常货物准运、不正常货物处置等。

1. 货物的单证审核

核对航空货物安检申报清单、航空货运单、货物运输条件鉴定书等文件，查看填写内容是否符合交运标准，主要包括：

① 查看航空货物安检申报清单相关内容的填写是否与航空货运单一致，如品名、运单号、件数、重量等，若不一致，以航空货运单为准，要求填写一致后方可交运；

② 查看货物品名是否存在泛指品名现象，如有，要求提供详细品名清单，否则不予接受；

③ 查看是否有需提供货物运输条件鉴定书的货物品名（包括普通货物及危险品），如有，要求托运人（或其代理人）出具货物运输条件鉴定书，并做好货物运输条件鉴定书登记工作；

④ 查看货运单上是否已加盖退运标识，如有，查看货物是否已经过相应处理，满足交运条件，如未满足交运条件而再次交运的，属蓄意重复交运，安检人员应对货物进行控制，并上报安检现场值班领导；

⑤ 查看货物品名是否有申报为普通货物的危险品、违禁品名称，如有，安检人员应对货物进行控制，并上报安检现场值班领导。

货物单证审核不合格单据图样示范见图4-9。

注意事项

泛指品名是指包括"样品"、"快件"、"资料"、"配件"、"零件"、"文件资料"、"电子产品"等无法明示实际物品名称的品名。

图4-9 货物单证审核不合格单据图样示范

2.X射线机检查

托运人(或其代理人)将货物单排码放(见图4-10)逐一通过X射线机进行检查,安检人员开启X射线机,通过观察图像,比对实际托运的货物是否与申报情况相符,查看图像中有无可疑物品。如发现以下情况,应进行进一步处置。

① 发现图像与品名相对应显示为化工品、磁性物质、锂电池类等需要提供货物运输条件鉴定书的货物,要求托运人(或其代理人)出具货物运输条件鉴定书,并做好货物运输条件鉴定书登记工作,如根据货物运输条件鉴定书品名核对化工品包装上的唛头品名,根据货物运输条件鉴定书型号核对锂电池或其包装上的型号等。

② 如发现图像模糊不清、无法判断物品性质,发现有液体、粉末、气体(压力瓶)、锂电池等可疑物品或实际托运的货物与申报情况不符等情况,对可开箱的货物进行开箱包检查。

③ 如发现危险、违禁物品(含疑似)时,应立即上报安检现场值班领导进行处置。

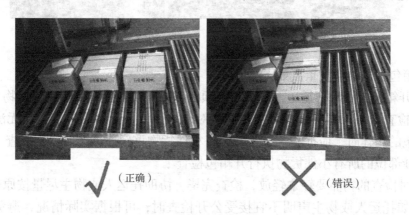

图4-10 货物通过X射线机检查时的码放要求示意

3.开箱包检查

开箱包检查是由安检人员根据检查过程中发现的货物可疑情况,要求托运人(或其代理人)对所交运货物进行开箱开包检查的一种检查手段。开箱包过程主要包括以下几点:

① 告知托运人(或其代理人)将需要接受开箱包检查的货物放置在指定开箱包区域;

② 核对开箱包货物箱贴号码与货运单号码是否一致;

③ 根据X射线机图像呈现的疑点,确定重点检查部位;

④ 现场监督托运人(或其代理人)自行打开包装件;

⑤ 根据重点部位查找可疑物品,并对可疑物品进行查验;

⑥ 取出可疑物品,对可疑物品周围的其他物品进行检查,并将其余货物重新经过X射线机检查;

⑦ 查验无误后,协助托运人(或其代理人)放回、整理受检物品;

⑧ 监督托运人(或其代理人)完成封箱,并在封口处由安检员加贴开箱包封条(见图4-11)。

图4-11 开箱包封条

开箱包检查的注意重点如下：

① 开箱包检查时，托运人或物主必须在场，并请托运人或物主将货物包装打开；

② 检查时要认真细心，特别要注意对合成包装的货物的检查，在无法确定具体执行开箱包的箱体时，应拆解合成包装，将小件货物重新通过X射线机检查；或对合成包装中怀疑部位的所有小件货物执行开箱包检查；

③ 对检查的物品要轻拿轻放，检查完毕，协助托运人或物主尽量按原样放好；

④ 如托运人或物主声明不宜接受公开检查时，可根据实际情况，避免在公开场合检查；

⑤ 对执行过开箱包检查的货物，需再次经过X射线机检查；

⑥ 开箱包过程中发现不明液体、粉末、气体类的，严禁打开或进行试烧、试闻、试尝。

⑦ 钢瓶及带压力表的密封容器，禁止通过打开阀门开关来判断货物性质；

⑧ 受温度、光线、空气等环境变化会导致损坏的货物不宜开箱包检查；

⑨ 托运人（或其代理人）声称无法开箱包或拒绝开箱包的货物，在无法排除可疑的情况下，采取将货物退运处理。

4. 爆炸物探测检查

在X射线机检查无误后，根据民航局相关安全等级要求，对经X射线机检查后的货物采取一定比例的爆炸物探测抽查。

5. 正常货物准运

货物经检查合格后，安检人员在货运单/托运书上加盖安检放行章（图4-12）；填写航空货物安检申报清单安检部分内容，准予交运。

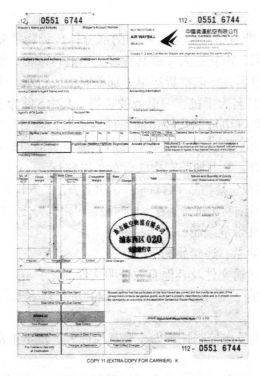

图4-12 安检放行章

6. 不正常货物处置

不正常货物通常是指在安检过程中发现的不符合航空运输条件的货物、违规交运的危险品及违禁品、安检合格后因其他原因导致无法运输的货物等,其主要处置方法包括退运、暂存、注销及移交机场公安机关处理等。

(1) 安检不合格货物退运处置方法 安检人员在对货物进行检查过程中,发现下述情况的,对该货物采取退运处置。

① 经X射线机或开箱包检查发现货物中含有不明液体、粉末、锂电池、磁性物质等,托运人(或其代理人)无法提供有效的货物运输条件鉴定书的;

② 经X射线机检查发现可疑物品,托运人(或其代理人)声称无法开箱包或不予开箱包的。

对上述情况,应根据退运类型,执行相应的退运处置方法。

① 整票货物退运。即对货运单上所列货物采取全部退运处置,在航空货运单上加盖退运标示,将整票货物办理退运手续。

例如交运一票10件品名为苹果手机的货物,其含有内置锂电池,在无法提供锂电池的货物运输条件鉴定书且无法取走锂电池的情况下,安检人员对整票10件货物均做退运处理。

② 内件货物退运。即在整票交运货物件数不变的情况下,退运其中内件物品并做好退运手续后,在航空货运单上加盖安检放行章后,其余货物予以准运。

例如交运一票2件品名为照相机的货物,经检查发现2件照相机内各含一块锂电池,在无法提供锂电池的货物运输条件鉴定书的情况下,可对两块锂电池办理退运手续,对

2件照相机准予运输。

③ 部分货物退运。即对整票交运货物中的部分件数货物采取退运处置，在对部分件数货物办理退运手续后，由托运人（或其代理人）进行改单，使航空货运单上件数满足实际交运货物件数数量后，在航空货运单上加盖安检放行章，予以准运。

例如交运一票10件品名为手机、锂电池的货物，其中5件为手机（未含锂电池）、5件为锂电池，因无法提供锂电池的货物运输条件鉴定书，则对其中5件锂电池做退运处理，托运人（或其代理人）自行办理改单手续后，航空货运单显示货物件数为5件，安检人员在改单后的航空货运单上加盖安检放行章予以放行。

（2）安检发现危险品或违禁物品（含疑似）的处置方法　安检人员在对货物进行检查过程中，发现以下情况时，应对货物进行暂存，同时报告民用机场公安机关进行进一步处理：

① 普通航空货物中夹带危险品、违禁品的；
② 伪报品名运输危险品、违禁品的；
③ 伪造、变造航空运输文件及其他有效证明文件的；
④ 扰乱安检现场秩序，影响安全检查工作顺利进行或者其他严重影响航空货运区公共秩序的。

对上述情况，安检人员应控制托运人（或其代理人）及不正常货物，报安检现场值班领导。

（3）非安检原因退运货物处置办法　非安检原因退运即货物已通过安全检查放行，因航班变更，托运人（或其代理人）自身原因等非安检机构要求的货物退运。

非安检原因退运是由托运人（或其代理人）向货物收运部门提出申请，经货物收运部门确认后，提交有效的退运材料，安检机构在已加盖安检放行章上加盖安检注销章（图4-13）。

图4-13　安检注销章

第四节
危险品的检查

危险品是指能对健康、安全、财产或环境构成危险，并在国际民用航空组织发布的现行有效的《危险品航空安全运输技术细则》的危险品清单中列明或根据《危险品航空安全运输技术细则》进行分类的物品或物质。

一、危险品的分类

国际航协（IATA）依据《危险品航空安全运输技术细则》（简称《技术细则》或TI），基于航空公司运营和实际操作的需求，出版了《危险品规则》(DGR)，DGR每年更新一次。《危险品规则》中将危险品分为九大类。

第1类　爆炸品

1.1项—具有整体爆炸危险性的物质和物品；

1.2项—具有喷射危险性而无整体爆炸危险性的物质和物品；

1.3项—具有起火危险性，轻微的爆炸危险性和/或轻微的喷射危险性但无整体爆炸危险性的物质和物品；

1.4项—不存在明显危险性的物质和物品；

1.5项—具有整体爆炸危险性的非常不敏感的物质；

1.6项—无整体爆炸危险性的极不敏感的物品。

第2类　气体

2.1项—易燃气体；

2.2项—非易燃无毒气体；

2.3项—毒性气体。

第3类　易燃液体

第4类　易燃固体、自燃物质及遇水释放易燃气体的物质

4.1项—易燃固体；

4.2项—自燃物质；

4.3项—遇水释放易燃气体的物质。

第5类　氧化剂和有机过氧化物

5.1项—氧化剂；

5.2项—有机过氧化物。

第6类　毒性物质和感染性物质

6.1项—毒性物质；

6.2项——感染性物质。
第7类　放射性物质
第8类　腐蚀性物质
第9类　其他危险品

二、危险品标签识别

1. 危险品标签的种类

① 危险品标签（呈菱形），所有类别的危险品都需贴此种标签。

② 操作标签，一些危险品需贴此种标签，既可单独使用，亦可与危险品标签同时使用。

2. 标签上的文字

说明危险性质的文字可与类别、项别及爆炸品的配装组一起填入标签的下半部。文字应使用英文。若始发国另有要求，两种文字应同样明显地填写。标签上可印有商标，包括制造商的名称，但必须印在边缘实线之外十个打字点以内。

3. 危险品标签的使用

危险品包装件及合成包装件上应使用的危险品标签都在DGR危险品表中用缩写词列出。表中列出的每一物品和物质都需要使用一种指定的主要危险品标签。具有次要危险性的每一物品和物质应使用一种或一种以上的次要危险品标签。在特定情况下，可根据特殊规定，对DGR 4.2表中没有列出次要危险性的物质加贴次要危险品标签，或将表中列出的次要危险品标签去除。DGR C.1表或C.2表也可能要求有次要危险品标签。

主要和次要危险品标签上必须有类和项的号码。

（1）第1类　第1类物质（爆炸品），必须注意以下几点：

① 要求贴1.1、1.2、1.3、1.4F、1.5和1.6项爆炸品标签的包装件（少数例外）通常是禁止空运的；

② 类、项及配装组号码或字母必须填写在标签上。

a. 1.1、1.2、1.3项

**处为填入项别配装组号码位置，如"1.1C"。

名称：爆炸品；

货运标准代码：适用于REX、RCX、RGX；

最小尺寸：100毫米×100毫米；

图形符号（爆炸的炸弹）：黑色；

底色：橘黄色。

注：贴有注明1.1或1.2项的标签的包装件通常禁止空运。

b.1.4项，包括配装组S

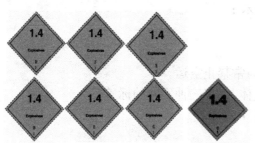

印有标签上的数字"1.4"，高度至少为30毫米，高度为5毫米。

名称：爆炸品；

货运标准代码：适用于RXB、RXC、RXD、RXE、RXG、RXS；

最小尺寸：100毫米×100毫米；

数字：黑色；

底色：橘黄色。

c.1.5项

字母"D"处为填入项别配装组号码位置。印有标签上的数字"1.5"，高度至少为30毫米，宽度约5毫米。

名称：爆炸品；

货运标准代码：REX；

最小尺寸：100毫米×100毫米；

数字：黑色；

底色：橘黄色。

注：贴有此种标签的包装件通常禁止空运。

d.1.6项

字母"N"处为填入项别配装组号码位置。印有标签上的数字"1.6",高度至少为30毫米,宽度约5毫米。

名称:爆炸品;
货运标准代码:REX;
最小尺寸:100毫米×100毫米;
数字:黑色;
底色:橘黄色。
注:贴有此种标签的包装件通常禁止空运。

(2)第2类 第2类物质(气体),有三种不同的标签。
① 2.1项易燃气体(红色标签)

名称:易燃气体;
货运标准代码:RFG;
最小尺寸:100毫米×100毫米;
图形符号(火焰):黑色或白色;
底色:红色。
注:此种标签也可印为红色底面,图形符号(火焰)、文字、数码及边线均为黑色。
② 2.2项非易燃无毒气体(绿色标签)

名称:非易燃无毒气体;
货运标准代码:RNG或RCL;
最小尺寸:100毫米×100毫米;
图形符号(气瓶):黑色或白色;
底色:绿色。
注:此种标签也可印为绿色底面,图形符号(气瓶)、文字、数码及边线均为黑色。
③ 2.3项毒性气体(白色标签)

名称：有毒气体；
货运标准代码：RPG；
最小尺寸：100毫米×100毫米；
图形符号（骷髅和交叉股骨）：黑色或白色；
底色：白色。
注：印有"Toxic Gas"（有毒气体）或"Poison Gas"（毒气）文字的有毒物质标签可以接受。

（3）第3类—易燃液体

名称：易燃液体；
货运标准代码：RFL；
最小尺寸：100毫米×100毫米
图形符号（火焰）：黑色或白色；
底色：红色。
注：此种标签也可印为红色底面，图形符号（火焰）、文字、数码及边线均为黑色。

（4）第4类
① 易燃固体（4.1项）

名称：易燃固体；
货运标准代码：RFS；
最小尺寸：100毫米×100毫米；
图形符号（火焰）：黑色；
底色：白色，带有七条红色竖条。
② 自然物质（4.2项）

名称：自然物质；
货运标准代码：RSC；
最小尺寸：100毫米×100毫米；
图形符号（火焰）：黑色；
底色：上半部白色，下半部红色。
注：4.2项物质如也是易燃固体，则无需标签用于4.1项的次要危险品标签。
③ 遇水释放易燃气体的物质（4.3项）

名称：遇湿危险的物质；
货运标准代码：RFW；
最小尺寸：100毫米×100毫米；
数字：黑色或白色；
底色：蓝色。
注：此种标签也可印为蓝色底面，图形符号（火焰）、文字、数码及边线均为黑色。
（5）第5类
① 氧化剂（5.1项）

名称：氧化剂；
货运标准代码：ROX；
最小尺寸：100毫米×100毫米；
图形符号（圆圈上带火焰）：黑色；
底色：黄色。
② 有机过氧化物（5.2项）

名称：有机过氧化物；

货运标准代码：ROP；

最小尺寸：100毫米×100毫米；

图形符号（圆圈上带火焰）：黑色；

底色：黄色。

（6）第6类 主要或次要危险性属于6.1项的物质（毒性物质），其毒性物质标签中的文字描述可以用"Toxic"（毒性的）或"Poison"（有毒的）；除主要危险品标签外，6.2项中的感染性物质包装件必须根据内装物的性质粘贴其他的标签。

① 毒性物质（6.1项）

名称：毒性物质；

货运标准代码：RPB；

最小尺寸：100毫米×100毫米；

图形符号（骷髅和交叉股骨）：黑色；

底色：白色。

② 感染性物质（6.2项）

标签下部可有如下说明：

感染性物质（infectious substance）；

如有破损或渗漏(in case of damage or leakage)；

立即通知（immediately notify）；

公共卫生部门（Public Health Authority）。

名称：感染性物质；

货运标准代码：RIS；

最小尺寸：100毫米×100毫米；

小包装件的尺寸可为：50毫米×50毫米；

图形符号（三枚新月叠加在一个圆圈上）和说明文字：黑色；

底色：白色。

（7）第7类　内装有第7类物质包装件，应根据本教材"放射性物质"章节中的要求粘贴危险品标签。

①Ⅰ级白色

名称：放射性；
货运标准代码：RRW；
最小尺寸：100毫米×100毫米；
标志（三叶形标记）：黑色；
底色：白色。

②Ⅱ级黄色

名称：放射性；
货运标准代码：RRY；
最小尺寸：100毫米×100毫米；
标志（三叶形标记）：黑色；
底色：上半部黄色带白边，下半部分白色。

③Ⅲ级黄色

名称：放射性；
货运标准代码：RRY；
最小尺寸：100毫米×100毫米；
标志（三叶形标记）：黑色；

底色：上半部黄色带白边，下半部分白色。

④ 临界安全指数标签

最小尺寸：100毫米×100毫米；

文字（强制性）：在白色标签的上半部分有"裂变"字样（黑色）。

（8）第8类　第8类物质如果其毒性只产生于对组织的破坏作用，则无需粘贴用于6.1项的次要危险品标签。

名称：腐蚀性物品；

货运标准代码：RCM；

最小尺寸：100毫米×100毫米；

图形符号（液体从两只玻璃容器中洒出并对一只手和一块金属造成腐蚀）：黑色；

底色：上半部白色，下半部分黑色，带有白色边线。

（9）第9类　第9类物质的包装件必须贴有危险品表所要求的第9类"Miscellaneous Dangerous Goods"（杂项危险品）标签。当包装件内盛装磁性物质时，必须贴上"Magnetized Material"（磁性材料）标签用来代替杂项危险品标签。

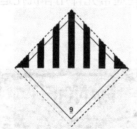

名称：杂项危险品；

货运标准代码：适用于RMD、RSB、ICE；

最小尺寸：100毫米×100毫米；

图形符号（上半部有七条竖条）：黑色；

底色：白色。

（10）不同的危险品包装在同一外包装中　当两件或两件以上的危险品被包装在同一外包装中时，包装件上须按要求注明每一种物质。如果已经粘贴了标明主要危险性的标签，则不需粘贴相同危险性的次要危险品标签。

4. 操作标签

（1）磁性物质　"Magnetized Material"（磁性物质）标签必须用在装有磁性物质包装件及合成包装件上，但不得装载在直接影响飞机的直读磁罗盘或罗盘传感器的位置上，请注意多个包装件会产生累计效应。见图4-14。

联运文电代码：MAG。

图4-14　磁性物质标签

（2）仅限货机　"Cargo Aircraft Only"（仅限货机）标签必须用在仅限货机运输的危险品包装上。但当包装说明标号及包装件的允许量指明客、货机均可乘运时，不应使用"Cargo Aircraft Only"（仅限货机）的标签。即使是在同一票货中其他包装件在托运人申报单中注明"Cargo Aircraft Only"（仅限货机）时，"Cargo Aircraft Only"（仅限货机）标签也不能用于客机限制包装的包装件。该标签应粘贴在包装件上的粘贴危险品标签的同一侧面，并靠近危险品标签的位置。对于装有6.2项感染性物质货物的小型包装件仅限货机运输时此标签可做成一半大小。见图4-15。

注：有时因国家差异可以要求仅用货机运输一些通常允许用客机托运的货物，并粘贴"Cargo Aircraft Only"（仅限货机）的标签。

联运文电代码：CAO。

新标签

使用至2012年12月31日

图4-15　仅限货机标签

（3）低温液体　含有低温液体的包装件和合成包装件上的"Cryogenic Liquid"（低温液体）操作标签必须与非易燃气体（2.2项）危险品标签同时使用。见图4-16。

这类货物应与活动物隔离。

联运文电代码：RCL。

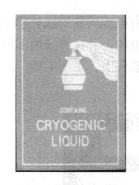

图4-16　低温液体标签

（4）包装件方向　盛装液体危险品的包装件及合成包装件必须使用方向性（向上）标签，或者使用事先印刷在包装件上的包装件方向标签。但以下包装件除外：

① 在容积120毫升（4盎司）或以下的内包装中盛有易燃液体；

② 在容积50毫升（1.7盎司）或以下的主容器中盛有感染性物质；

③ 盛有放射性物质。

标签的横线下可填入"Dangerous Goods"（危险品）字样。标签必须粘贴或印刷在包装件相对的两个侧面以表明正确的包装件方向，使其封闭处朝上。粘贴包装件方向标签时，还可以将"THIS END UP"（此端向上）或"THIS SIDE UP"（此面向上）字样显示在包装件或合成包装件的顶面。该类标签至少在包装件上贴两个，在两个相对的侧面上各贴一个，箭头方向向上。见图4-17。

图4-17　包装件方向标签

（5）远离热源　"Keep Away From Heat"（远离热源）操作标签必须用于含有4.1项中的自身反应物质和5.2项中规定的有机过氧化物的包装件和合成包装件上，且与相应的危险品标签同时使用。见图4-18。

图4-18　远离热源标签

（6）轮椅　为了便于操作装有电池的轮椅或代步工具，可以使用标签来帮助识别是否已经取出轮椅或代步工具中的电池。此标签分两部分，前半部分粘贴在轮椅或代步工具上，后半部分粘贴在电池的包装件上，见图4-19。

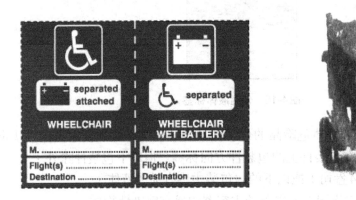

图4-19　取出电池的轮椅标签

（7）放射性物质，例外包装件　"Radioactive Material, Excepted Package"（放射性物质，例外包装件）标签必须用在装有放射性物品的例外包装件上。见图4-20。

货运IMP代码：RRE。

图4-20　放射性物质，例外包装件标签

（8）例外数量危险品　如图4-21。

新标签

老标签

图4-21　例外数量危险品标签

（9）含危险品的集装器的识别　每一装有危险品的集装器都必须在其表面清晰地标示该集装器内含有危险品。此识别标记应显示在集装器的标牌上。标牌两侧边缘有明显的红色线条，最小尺寸为148毫米×210毫米。危险品的主要危险类别或项别必须在标牌上明显标示，卸下危险品后，必须立即从集装器上摘掉标牌。

如果集装器内的包装件具有"仅限货机"标签，则该标签必须可见或标牌上必须指明该集装器仅限货机装运。见图4-22。

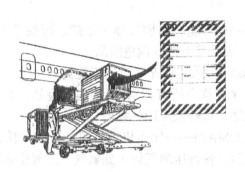 

图4-22　含危险品的集装器的标签

（10）其他标签　以下这些都不是空运危险品的标签，而是根据有关国家的法令要求必须标明的。但这并不意味着当这些物品用飞机运输时属于危险品，而只是在使用或处置它们时要留心注意事项，同时还说明可能受到一些规则的约束。见图4-23。

图4-23　其他标签

三、隐含危险品

按普通货物申报的货物中可能不明显地含有危险品，经验表明，下列品名货物或行李中常会有隐含的危险品，安检人员在检查过程中应注意识别。

（1）AOG航材（aircraft on groud spares）——参见飞机零件/飞机设备。

飞机零备件/飞机设备（aircraft spear parts/aircraft equipment）——可能含有爆炸物品（照明弹或其他烟雾弹）、化学氧气发生器、不可使用的轮胎装置、钢瓶或压缩气筒（氧气瓶、二氧化碳气瓶、氮气瓶或灭火器）、涂料、胶黏剂、气溶胶、救生器材、急救箱、设备中的油料、湿电池或锂电池、火柴等。

（2）汽车、汽车零配件（轿车、汽车、摩托车）[automobile,automobile parts(car，motor，motocycle)]——可能含有磁性物质，虽然其不符合磁性物质的定义，但由于对飞机的仪器有影响而需要特殊装载。也可能含有发动机、化油器、含油料或残油的油箱、湿电池、轮胎充气装置中的压缩气体、灭火器、含氮气的震荡/支架、气囊冲压泵/气囊组件等。

（3）呼吸器(breathing appatatus)——可能含有压缩气瓶或氧气瓶，化学氧气发生器或深冷液化氧气。

（4）野营用具(camping equipment)——可能有易燃气体（丁烷、丙烷等）、易燃液体（煤油、汽油等）、易燃固体（己胺、火柴等）或其他危险品。

（5）轿车、轿车零配件(car, car parts)——参见汽车、汽车零配件。

（6）化学物品(chemicals)——可能含有符合所有类别/项别的危险品，尤其是易燃液体、易燃固体、氧化剂、有机过氧化物、毒性或腐蚀性物质。

（7）公司物资(company materials COMAP)——如飞机零件可能含有危险品，如旅客服务设施（PSU）中的化学氧气发生器，各种压缩气体（如氧气、二氧化碳和氮气）、气体打火机、气溶胶、灭火器、可燃性液体（如油料、涂料和胶黏剂）、腐蚀性物质（如电池）、急救器材、照明弹、救生设备、火柴、磁性材料等。

（8）集运货物(consolidation)——可能含有任何类别/项别的危险品。

（9）低温液体(cryogenic liquid)——可能含有冷冻液化气体，如液氮、液氦、液氖、液氩等。

（10）钢瓶(cylinders)——可能含有压缩或液化气体。

（11）牙医设备(dental kit)——可能含有易燃树脂或溶剂、压缩或液化气体、汞和放射性材料。

（12）诊断标本(diagnostic specimen)——可能含有感染性物质。

（13）潜水设备(diving equipment)——可能含有压缩气体（空气、氧气等）的钢瓶（如自携式潜水缸、潜水装气瓶等）。也可能含有高强光潜水灯，当在空气中运转时可能产生极高的热量。为安全运输，灯泡或电池必须保持断开。

（14）钻探及采掘设备(drilling and mining equipment)——可能含爆炸物品或其他危险品。

（15）敞口液氮容器(dry shipper)——可能含有游离液氮。只有在包装以任何朝向放置液氮都不会流出的情况下，才不受本规则限制。

（16）电器设备(electrical equipment)——开关盒或电子管内可能含有带有磁性的物质或汞，也可能含有湿电池。

（17）电动器械(electrically powered apparatus)——如轮椅、割草机、高尔夫车等，可能含有湿电池。

（18）探险设备(expeditionary equipment)——可能含爆炸物品（照明弹）、易燃液体（液体）、易燃气体（丙烷、野营用燃气）或其他危险品。

（19）摄影和媒体设备(film crew or media equipment)——可能含有爆炸性烟火装置、内燃机发生器、湿电池、燃料、发热物品等。

（20）冷冻胚胎(forzen embryos)——可能含有冷冻液化气体或固体二氧化碳（干冰）。

（21）冷冻水果、蔬菜等(frozen fruit,vegetables etc)——可能包装在固体二氧化碳（干冰）中。

（22）燃料(fuels)——可能含有易燃液体、易燃固体或易燃气体。

（23）燃料控制器(fuel control units)——可能含有易燃液体。

（24）热气球(hot air balloon)——可能含装有易燃气体的钢瓶、灭火器、内燃机、电池等。

（25）家庭用品(household goods)——可能含有符合任一危险品标准的物品，包括易燃液体如溶剂性涂料、胶黏剂、上光剂、气溶胶（对于旅客，依据DGR2.3节的规定将禁止携带）、漂白剂、腐蚀性的烤箱或下水道清洁剂、弹药、火柴等。

（26）仪器(instruments)——可能含有压力计、气压计、水银转换器、整流管、温度计等。

（27）实验室/试验设备(laboratory/testing equipment)——可能含有符合任一危险品标准的物品，特别是易燃液体、易燃固体、氧化剂、有机氧化物、毒性或腐蚀性物质。

（28）机械部件(machinery parts)——可能含有胶黏剂、涂料、密封胶、溶剂、湿电池和锂电池、汞、含有压缩或液化气体的钢瓶。

（29）磁铁或类似材料(magnets and other items of similar material)——其单独或积累效应可能符合磁性物质定义。

（30）医疗用品(medical supplies)——可能含有符合任一危险品标准的物品，特别是易燃液体、易燃固体、氧化剂、有机过氧化物、毒性或腐蚀性物质。

（31）金属建筑材料、金属栅栏、金属管材(metal construction material, metal fencing, metal piping)——可能含有由于可能影响飞机仪器而需要特殊装载要求的铁磁性物质。

（32）汽车零部件（轿车、机动车、摩托车）[parts of automobile(car, motor, motocycle)]——可能装有湿电池。

（33）旅客行李(passengers baggage)——可能含有符合任一危险品标准的物品。例如烟花、家庭用易燃液体、腐蚀性烤箱或下水道清洁剂、易燃气体或液态打火机储罐、野营炉的气瓶、火柴、弹药、漂白剂、根据国际航协《危险品规则》2.3不允许携带的气溶胶等。

（34）药品(pharmaceuticals)——可能含有符合任一危险品标准的物品，特别是易燃液体、易燃固体、氧化剂、有机过氧化物、毒性或腐蚀物质。

（35）摄影用品(photographic supplies)——可能含有符合任一危险品标准的物品，特别是易燃液体、易燃固体、氧化剂、有机过氧化物、毒性或腐蚀性物质。

（36）促销物质(promotional material)——参见"旅客行李"。

（37）赛车或摩托车队设备(racing car or motorcycle team equipment)——可能装有发动机、化油器、含油料或残油的油箱、易燃气溶胶、压缩气体钢瓶、硝基甲烷、其他燃料添加剂或湿电池等。

（38）电冰箱(refrigerators)——可能含有液化气体或氨溶液。

（39）修理箱(repair kits)——可能含有有机过氧化物和易燃胶黏剂、溶剂型油漆、树脂等。

（40）试验样品(samples for testing)——可能含有符合任一危险品标准的物品，特别是易燃液体、易燃固体、氧化剂、有机过氧化物、毒性或腐蚀性物质。

（41）精液(semen)——可能用固体二氧化碳（干冰）或制冷液化气体包装。请参看"敞口液氮容器"。

（42）演出、电影、舞台与特殊效果设备(show, motion picture, stage and special effects equipment)——可能含有易燃物质、爆炸物品或舞台发烟的干冰。

（43）游泳池化学物品(swimming pool chemicals)——可能含有氧化性或腐蚀性物质。

（44）电子设备或仪器开关(switches in electrical equipment or instruments)——可能含有汞。

（45）工具箱(tool boxes)——可能含有爆炸物品（射钉枪）、压缩气体或气溶胶、易燃气体（丁烷气瓶或焊炬）、易燃胶黏剂或涂料、腐蚀性液体等。

（46）焊炬(torches)——小型焊炬和通用点火器，可能含有易燃气体，并配有电打火器。较大的焊炬可能包含安装在可燃性气体容器或气瓶上的焊头（常带有自动点火开关）。

（47）旅客的无人陪伴行李/私人物品(unaccompanied passengers baggage/personal effects)——可能含有任一危险品标准的物品，如烟花、家庭用的易燃液体、腐蚀性的烤箱或下水道清洁剂、易燃气体或液体打火机燃料储罐或野营炉的气瓶、火柴、漂白剂、气溶胶等。

（48）疫苗(vaccines)——可能包装在固体二氧化碳（干冰）中。

四、危险品检查

安检人员在对申报为危险品的货物进行检查时，应根据由危险品主管部门确认的危险品申报清单及危险品货物运输条件鉴定书等相关文件，对交运危险品的物理形态等进行符合性检查，防止夹带、隐匿运输与申报内容不符的危险品和国家法律、法规规定的违禁品。

第五节
超大超重货物检查

超大超重货物是指单体货物的重量超过X射线机额定载重或体积超过X射线机通道限高、限宽而无法使用X射线机进行检查的货物。

一、超大超重货物检查方式

对于超大超重货物主要是采取手工开箱、存放24小时等其他国家民航局认可的方式进行安全检查。

二、超大超重货物检查的具体实施方法

目前采取较多的为存放24小时的安全检查方式，具体操作如下。

① 查看航空货物安检申报清单及货运单，明确货物重量是否超过X射线机额定载重或体积是否超过X射线机通道限高、限宽。

注意：如申报存放24小时的货物中存在可以通过X射线机检查的货物，则必须使用X射线机进行检查。

② 审核货物品名，对需要提供货物运输条件鉴定书的货物，要求托运人/代理人出具货物运输条件鉴定书，并做好登记工作。

③ 使用爆炸物探测器对每件超大超重货物进行爆炸物检测。

④ 对货物进行开箱包抽检，检查方法按照普通货物检查中"开箱包检查"方式执行。

⑤ 若货物检查合格，则整票货物（包括超大超重及可以通过X射线机检查的货物）进入24小时存放区，安检人员在航空货运单上加盖24小时存放货物章。见图4-24。

⑥ 若货物检查过程中，发现其不符合航空货物运输条件，则按照普通货物检查中"不正常货物处置"相关程序执行。

⑦ 货物存放满24小时后，安检人员在航空货运单上加盖安检放行章，监督货物从24小时存放区取出，予以准运。

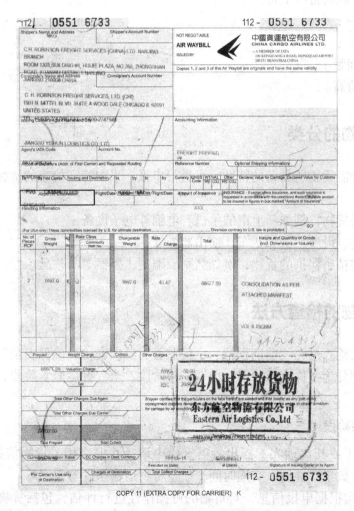

图4-24　24小时存放货物章

第六节
特需货物的检查

特需货物是根据托运人（或其代理人）需求，对具备一定条件的，由安检机构在保证货物安全及符合民航局有关规定的前提下，采取除现场检查以外的手段进行安全检查的货物。

一、特需货物的特性

特需货物一般具备以下特性：
① 品名单一；
② 包装统一；
③ 运输时间紧；
④ 货物价值高。

二、特需货物的分类

根据目前特需货物所具备的特性，可进行申报。采取特需检查的货物一般分为以下几类：
① 锂电池类货物，例如新上市的手机、电脑等电子设备；
② 大型设备、设施，例如赛车、演出器械等；
③ 高价值需精密保护的货物，例如名画、雕塑、瓷器等工艺品。

三、特需货物的检查方法

特需货物的检查是在"前期预检、全程监管、二次安检、确保安全"的原则下进行的，检查过程则分为文件审核阶段、前期安检阶段、全程押运监管阶段、现场快速安检阶段。

1. 文件审核阶段

① 托运人（或其代理人）提出特需安检申请，并提交相关货物信息及运输凭证，包括货物名称、数量、性质、交运时间、航空货物运输条件鉴定书等。
② 安检机构根据申报信息，对货物的可操作性进行评估，包括货物性质、设备条件、场地条件、运输方法等，对符合操作条件的予以提供特需安检，并留存相关凭证。

2. 前期安检阶段

① 安检机构根据托运人（或其代理人）提供的场地条件，安排所需安检人员及安检设备、设施前往货物装运现场进行安全检查。

② 货物装运现场做好清场工作，划分装运控制区，对所有进出控制区的人员、车辆及货物（包装材料等）进行安全检查。

③ 对出运的货物通过手工开箱检查、核对货物运输条件鉴定书、爆炸物探测仪检测的方式保障货物的安全。

④ 现场监督所有通过检查的货物打板装箱，装载完毕后由安检员在外包装上粘贴安检专用封条并加盖安检章，并实施现场监控直至装车完成。

3. 全程押运监管阶段

① 押运安检员对整车进行加封，核对货物、封条、车辆相关信息，整理并携带所需运输凭证(航空货运单、运输条件鉴定书、货物交接单等)。

② 押运安检员随车对货物整个运输过程实施全程陪同，保障运输过程通畅，货物准时运抵交运现场。

注意事项

运输过程中如遇车辆抛锚、堵塞、交通事故等影响运输的特殊情况，押运安检员应第一时间通知交运安检现场值班领导，根据指示做好各项调节工作，确保货物运输安全。

4. 现场快速安检阶段

① 车辆到达交运现场后，现场安检员与押运安检员实施货物交接，共同拆封车辆封条，现场安检员核实各类信息并做好登记工作。

② 现场安检人员对货物外包装封条进行检查，保证封条完好。

③ 对货物实施二次安检，包括对货物实施爆炸物探测检查，对非超大超重货物采取快速通过X射线机检查等手段来进一步确保货物安全。

④ 所有货物检查完毕，安检人员在航空货运单上加盖安检放行章，留存相关单据后予以放行。

四、特需货物安检的意义

① 将静态化安检服务模式向动态化安检服务转型。
② 将安全关口前移，更好地规避安全风险，创造安全效益。
③ 节省人力、物力成本支出，更好地吸引客户资源。
④ 体现安检价值，树立安检品牌形象。

第七节
航空邮件及其他货物的检查

除上述所指航空货物检查外，还有一些类型的航空货物与普通货物检查程序基本相同，但由于货物本身性质不同，因此检查过程中会存在一定区别，本节将对此类货物检查进行介绍。

一、航空邮件的检查

航空邮件是指邮局交给航空运输部门运输的邮政物品，其中包括信函、印刷品、包裹、报纸和杂志等。航空邮件应当按种类用完好的航空邮袋分袋封装，加挂"航空"标牌。

航空邮件的检查方法与普通货物检查区别如下：
①邮件托运人提交邮政路单，而非普通托运书/航空货运单；
②对在X射线机检查中发现的可疑邮件，应会同邮政部门人员共同开箱检查；
③对于不便开箱的邮件退还邮政部门或邮政授权的代理人；
④航空邮件中不予收运危险品。

二、鲜活易腐货物的检查

鲜活易腐货物是指在一般运输条件下，因气候、温度、湿度、气压的变化或者运输时间等原因，容易引起变质、腐烂或者死亡的物品。如肉类、水果类、蔬菜类、鲜花等植物类、水产品类，需要低温保存的食品、药品。

上述货物的安全检查，应当注意货物的时效性，合理安排检查时间，防止货物腐坏变质。

鲜活易腐货物的三字代码是PER，食品的三字代码是EAT。

三、急（快）件的检查

急（快）件是指托运人要求以最早航班或者在限定时间内将货物运达目的站，并经承运人同意受理的货物。如中央文件、新闻资料、抢险救灾物质和急救药品、援外物质、国防和科研急需物品。

急（快）件货物根据现场安排，可开辟专门通道进行安全检查，确保相关货物能准时运输。

四、生物制品的检查

生物制品是指经国家卫生主管部门批准制造、使用的，用微生物、微生物和动物的毒素、人和动物的血液以及组织等制成的，作为人、畜预防治疗以及诊断疾病用的制品和带有生命信息的脐血、血浆、种蛋、试剂、疫苗、人体白蛋白、人体球蛋白、胎盘球蛋白、人体活器官。

货物安检人员查验国家政府主管部门出具的相关证明及承运人书面意见后，方可放行。生物制品主要包括：

① 菌苗。用细菌菌体做成，分为死菌苗和活菌苗。

② 疫苗。用病毒或者立克次体接种于动物鸡胚或经组织培养处理而成，分为死毒疫苗和减毒活疫苗两种。

③ 类毒素。用细菌所产生的外毒素加入甲醛变为无毒性而仍有免疫性的制剂。

④ 免疫血清。抗毒素、抗菌、抗病毒血清的总称，是用病毒或者细菌毒素注射动物使之产生抗体后获得的血清。

⑤ 种蛋的三字代码是HEG。

五、枪械的检查

枪械包括枪支和警械，是特种管制物品。根据枪支管理法的规定，任何单位和个人未经许可，不得运输枪支。需要运输枪支的，必须向公安机关如实申报运输枪支品种、数量和运输的路线、方式，领取枪支运输许可证。

① 在本省、自治区、直辖市运输的，向运往地设区的市级人民政府公安机关申请领取枪支运输许可证。

② 跨省、自治区、直辖市运输的，向运往地省级人民政府公安机关申请领取枪支运输许可证。

③ 境外人员和我国运动员参加国际比赛携带的枪支包括狩猎枪支，凭公安部门或边防检查部门出具的枪支携带证，或者外交部、总政保卫部、省级体育管理部门出具的证明信，准予运输。

六、骨灰和灵柩的检查

1. 骨灰运输

托运人应凭医院出具的死亡证明和殡仪馆出具的火化证明办理骨灰托运手续。骨灰应当装在密封的塑料袋或者其他密封的容器内，外加木盒，最外层用布包裹，通过X射线机检查。

2.灵柩运输

（1）国内运输中托运人应当出示的文件材料包括：

①国家民委或者中国伊斯兰协会出具的同意运输的有关证明文件。

②卫生检疫部门出具的检疫证明。

③死者的身份证件或者复印件。

④属于正常死亡的，应当出具县级以上医院签发的死亡证明。

⑤属于非正常死亡的，应当出具县级以上公安机关签发的死亡证明或者法医证明。

⑥国家民委或者中国伊斯兰协会指定的殡仪馆出具的入殓证明和防腐证明。

（2）国际运输中托运人应当出示的文件材料包括：

①属于正常死亡的，应当出具县级以上医院签发的死亡证明。

②属于非正常死亡的，应当出具县级以上公安机关签发的死亡证明或者法医证明。

③殡仪馆出具的入殓证明。

④公安、卫生防疫等有关部门出具的准运证明。

⑤中国殡葬协会国际运尸网络服务中心签发的《遗体入/出境防腐证明》和《尸体/棺柩/骸骨/骨灰入/出境入殓证明》。

（3）灵柩内必须是非传染性疾病死亡的尸体。

七、活体动物的检查

1.活体动物

包括家禽、鸟类、哺乳动物、爬行动物、鱼、昆虫、软体动物等。托运人托运的活体动物必须健康状况良好，无传染性疾病。

2.托运人应当提交的文件材料

①托运人托运属于检疫范围的动物，应当提供当地检疫部门的动物检疫合格证明。

②托运人托运属于国家保护的动物，应当提供政府主管部门出具的准运证明。

③托运人托运属于市场管理范围的动物，应当提供市场管理部门出具的证明。

八、人体血液和标本的检查

①运输人体血液和人体的组织、器官、废弃物（下称标本），应当凭当地县以上卫生检疫部门出具的证明。

②如需国际航班运输的，应提前办好海关手续，并根据有关国家法律、行政法规和其他有关规定，办妥进出口和过境许可证。

九、外交、信使邮袋的检查

外交信（邮）袋是指各国政府（包括联合国下属组织）与各国驻外使(领)馆、政府驻外办事处之间作为货物托运的，使用专用包装袋盛装的公务文件。

遇使（领）馆工作人员报检外交信（邮）袋时，安检员应查验外交信使护照和使领馆出具的证明，对具有明显标志并加封的外交信使邮袋免于检查。

十、机密尖端产品的检查

对机密以上重要国防军工产品以及文件资料，凭国防科工委保卫部门统一出具的《国防尖端保密产品航空运输安全免检介绍信》《国防尖端保密产品航空运输安全检查验收表》和铅封，到启运机场的公安机关办理物品免检手续，免予检查。

十一、装有外汇箱（袋）的检查

对装有外汇的箱（袋），凭中国银行、中国工商银行、中国建设银行、交通银行或中信实业银行保卫部签发的《押运证》和所在银行开具的证明信及专用箱（袋）并铅封，免予检查。

十二、机要文件、密码的检查

对装有机要文件的航空专用文件箱，凭中办机要交通局的《机要交通专用证》和铅封免于检查；不能铅封的箱（包），凭《专用证》和贴有的金黄色五角星标志免于检查。

十三、携带黄金的检查

根据局公发[2002]156号文件规定：对装有黄金的箱（袋）凭企业经营执照副本和单位介绍信查验放行。

思考题

1. 需要提供《航空货物运输条件鉴定书》的航空货物主要分为哪几类？
2. 普通货物的主要检查和处置方法是什么？
3. 开箱包检查的基本过程是什么？
4. 安检不合格货物退运方法，根据货物类型分为哪几类？分别写出每一类型的退运方法。
5. 简述危险品分为几大类，并依次写出每一类的名称。
6. 请分别描述以下几种标签的名称：

 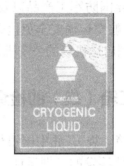

7. 超大超重货物安全检查的基本过程是什么？
8. 特需货物的特性及安检意义是什么？
9. 航空邮件检查和普通货物检查的区别有哪些？

第五章

车辆安全检查

> **学习目标**
>
> 熟悉并掌握各类车辆检查流程及方法；了解各类车辆特性，区分检查重点。

第一节
车辆安全检查的准备工作

一、车辆安全检查勤务准备工作的实施

安检员按时到达车辆检查岗位，做好台账记录、遗留事物处置、设备设施情况等各项交接工作。

二、车辆安全检查设备设施准备工作的实施

① 查看车辆底盘检测仪是否完好，底部反射镜面是否清晰。
② 查看手持金属探测器是否完好，电量是否充足，开启响铃挡，并调节至合适的敏感度。
③ 查看车辆通道栏杆是否完好，升降是否正常。
④ 设备设施发生故障及时报修，同时上报安检现场值班领导。

第二节
车辆检查的实施

一、车辆检查基本程序

① 车辆靠近时,观察车辆外观,确定该车辆属性。
② 要求车辆熄火,车上人员全数下车执行人身安全检查。
③ 查看车辆通行证件是否与车辆相符,通行区域是否正确。
④ 登记车辆进出时间、驾驶员姓名、车辆牌号等信息。
⑤ 检查车辆外部及内部情况

a. 对进入货运控制区的车辆,查看车内有无可疑物品,防止车辆及人员携带违禁品、未经申报的危险品及其他未提供有效证明的可能危及航空安全的可疑物品进入。
b. 对离开货运控制区的车辆,查看车内有无未提供有效证明的货物及其他可疑物品。
c. 查看车辆油箱盖是否盖好,车上是否配有灭火瓶(特别针对铲车)。
d. 利用车辆底盘检测仪,从车头开始逆时针绕车身一圈,查看车辆底盘有无装有非正常装置或藏匿物品(见图5-1)。

⑥ 车辆及随车人员检查无误,升起车辆通道栏杆,予以放行。
⑦ 如发现可疑情况,会同保安人员控制住人与车辆,报安检现场值班领导。

图5-1 利用车辆底盘检测仪进行检查

二、常见车辆种类及其检查重点

不同的车辆种类，由于外观、内部结构、性能及用途不同，检查方法也会有所区别，在对其进行安全检查时，应注意以下重点。

1.轿车

应重点检查车辆内部前后排坐垫下、车内抽屉及后备厢内是否有可疑物品，见图5-2。

图5-2　检查车辆后备厢

2.叉车

叉车（见图5-3）应重点检查油箱盖是否盖好，灭火器配备是否到位。

图5-3　叉车

3.厢式货车及集装箱卡车

应重点检查厢体深处是否藏匿可疑物品,见图5-4、图5-5。

图5-4　厢式货车　　　　　　图5-5　集装箱卡车

4.平板拖车

未托有航空厢体的,检查车头内部;托运航空厢体的,应打开厢盖,检查内部情况。见图5-6。

图5-6　平板拖车

? 思考题

1.请简述车辆安全检查的基本程序?
2.举例说明进出货运控制区的车辆种类及检查重点?

第六章

紧急情况处置方案

> **学习目标**
>
> 掌握违禁物品知识，了解现场紧急情况处置方案；了解发现爆炸物的应急处置方案。

第一节
安检现场紧急情况处置方案

一、在航空货物、邮件检查中发现托运人夹带危险品、违禁品（含疑似）

① 安检员在航空货物、邮件检查过程中发现疑似危险品、违禁品，通过开箱包进行判断，并通知安检现场值班领导。

② 安检现场值班领导对可疑物品进行判定。

③ 对经过确认的危险品、违禁品（含疑似）应由安检现场值班领导与托运人办理暂存手续，并将物品放置于指定暂存区。

④ 对暂存的物品应进行拍照并留存相关运输凭证复印件。暂存物品照片内容要求包括危险品、违禁品（含疑似）实物图片、X射线机图像（如通过仪器检查发现）、货物外包装及运单号、标签等。

⑤ 现场值班领导应填开暂存物品凭证并由托运人签字，其中一联交付托运人。

二、人身检查过程中发现危险品、违禁品（含疑似）

① 安检员在人身检查过程中发现疑似危险品、违禁品（含疑似），应对物品进行判

断，并通知安检现场值班领导。

② 安检现场值班领导对可疑物品进行判定

a. 如属于日常生活用品，则暂存于人身检查岗位，做好登记，待入库人员离开货运控制区后返还（例如打火机、火柴、香水等）。

b. 如属于违禁物品（含疑似），则移交机场公安机关处理；注销该工作人员通行证件。

c. 如属于故意隐匿夹带至货运隔离区，并意图放置于出港货物、邮件中，移交机场公安机关处理。注销该工作人员通行证件，责令其所属单位/部门出具书面检讨及纠正预防措施。

③ 对事件进行详细记录，记录内容包括持证人姓名、所属单位、携带危险品、违禁品品名等。

三、在证件检查过程中，发现受检人员使用伪假或冒用他人证件

① 人身检查岗位执勤人员发现持证人违规使用库区通行证（含疑似），对证件进行判断同时控制持证人。将信息通知现场值班领导。

② 现场值班领导对可疑库区通行证件进行确认判断，经确认后，暂扣可疑库区通行证件。

③ 责令其所属单位/部门出具书面检讨及纠正预防措施。并将事件做详细记录，通报公司保卫部门。

四、遇有人员、车辆强闯隔离区

① 人身检查岗位执勤人员对无通行证或违规使用通行证的人员欲强闯隔离区，应对其进行劝诫，告知其有关隔离区的安全管理规定。

② 经劝诫无效，阻止其进入，如遇反抗立即制服。

③ 通知现场值班领导，并协同附近其他安检/保安岗位的人员控制该名入库人员。

④ 待现场值班领导抵达后，对其实施从严人身检查。

⑤ 对事件进行详细记录，通报公司保卫部门，责令其所属单位/部门出具书面检讨及纠正预防措施。

⑥ 将强闯隔离区的人员移交机场公安机关。

⑦ 遇有车辆强闯隔离区，经劝阻无效，通知监控人员负责车辆行驶路径的监控，并记下车牌号，通知沿途所有保安人员，待车辆停止后立即制服车上人员。对事件进行详细记录，通报空防管理部门，责令其所属单位/部门出具书面检讨及纠正预防措施，并注销相关人员通行证件。

五、在安检现场发现查控对象

① 公安、安全部门要求查控时应通过机场公安机关，安检部门不直接接控。

② 接控时，应查验《查控对象通知单》等有效文书，查控通知应具备以下内容：布控手续齐全，查控对象的姓名、性别、所持证件编号、查控的期限和要求、联系单位、联系人及电话号码。

③ 接控后要及时安排布控措施。

④ 如遇特殊、紧急、重大的布控而来不及到民航公安机关办理手续时，安检部门在查验有效手续齐全的情况下可先布控，但应要求布控单位补办民航公安机关的手续。

⑤ 人身检查岗位执勤人员熟记布控人员名单和主要特征。

⑥ 对各类查控对象的查控时间应有明确规定，安检部门要定期对布控通知进行整理，对已超过时限的或已撤销的进行清理。

六、发现严重扰乱安检现场工作秩序的人员

① 安检员在实施检查过程中发现严重扰乱工作秩序的人员，应对其进行劝诫，如劝诫无效，立即通知安检现场值班领导。

② 组织人员将扰乱现场工作秩序的人员带离工作现场，情节严重的注销其通行证件，发生滋事的移交公安机关。

③ 对事件进行详细记录，通报空防管理部门，责令其所属单位/部门出具书面检讨及纠正预防措施。

④ 如遇代理交货员恶意阻挠安检员对其交运的货物实施正常检查的，对其交运的货物从严检查。

七、接到威胁航班的信息

① 接收到威胁航班的信息，应尽量向提供信息的人员索取信息，包括：航空公司名称、航班号、运单号、货物信息、威胁物品信息等、托运人信息等。

② 立即逐级报告各级安检领导及公司保卫部门。

③ 由安检部门领导或空防管理部门报告公安机关。

④ 根据安检部门领导或公安机关要求协助配合清查工作。

⑤ 对事件进行详细记录。

相关知识

违禁品的定义及分类

1. 定义

所谓违禁物品，就是指为了保障航空安全，由国务院或公安部、民航局制定的有关法律、法令、通告和内部规定中，明文规定的禁运物品以及危害民用航空安全的物品。而在航空货物安全检查中，又将违禁品与危险品作出一定的区分。

2.分类

第一类：枪支、弹药及警械。

第二类：管制刀具。

第三类：利器和钝器。

第四类：爆炸物品。

第五类：易燃易爆物品。

第六类：国家明令禁止运输的违禁物品。

一、枪支、弹药及警械

所谓枪支即为手持型射击的武器。枪有多种分类方式，按照枪的用途不同，可分为军用枪和民用枪；按照大小规格不同又分为长枪和短枪；按照外形不同，也可分为制式枪和非制式枪等。见图6-1～图6-4。

图6-1　五四式手枪

图6-2　七七式手枪

图6-3　美国柯尔特型手枪

图6-4　德国毛瑟手枪

弹药是指装有炸药用来杀伤人或摧毁物品的武器，包括各种炸弹、手榴弹、枪弹、信号弹、催泪弹、毒气弹、射孔弹、训练弹和各种炸药、爆破剂、雷管、导火索、导爆索等。枪弹按弹头作用的特点分为普通弹头、特种弹头；按武器的种类分为手枪弹、冲锋枪弹、步枪弹和大口径枪弹；按其用途分为战斗弹、空包弹、教练弹、检验弹等。见图6-5～图6-7。

084　航空货物安全检查

图6-5 手枪弹

图6-6 步枪弹

图6-7 机枪弹

警械是指司法机关的工作人员，在执行公务时，所携带的警棍、警绳、手铐、拇指铐等物品。由于警械的种类繁多，特别是警械中的电击警棍，外形变化千差万别，有些电击器还进行了巧妙的伪装，这就给安检人员的识别带来了极大的困难。见图6-8～图6-10。

图6-8 手铐

图6-9 拇指铐

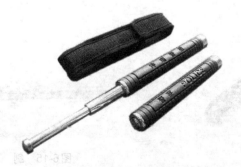

图6-10 警棍

第六章 紧急情况处置方案

二、管制刀具

管制刀具是指根据公安部边防局、民航局公安局1987年7月23日下发的[1987]公边（安）字第161号文中所列出的刀具。如匕首、刺刀、三棱刀、带有自锁装置的弹簧刀（跳刀）以及其他相类似的单刃、双刃、三棱尖刀，见图6-11～图6-13。

管制刀具的外形特征是刀尖角度小于45度、刀刃长度超过6厘米，往往带有血槽。

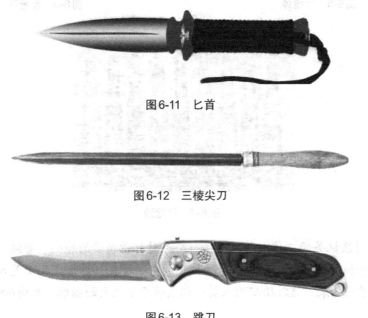

图6-11　匕首

图6-12　三棱尖刀

图6-13　跳刀

三、利器和钝器

利器是指除公安部规定的管制刀具外，其他刀刃长度超过6厘米或极为锋利的刀具。利器按其使用特点，一般可分为刺杀利器和砍劈利器两类；按其用途又可分为家庭生活用具、文艺体育表演用品、生产工具和少数民族用具等。见图6-14～图6-16。

图6-14　菜刀

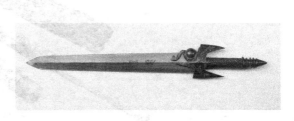

图6-15　剑

图6-16　水果刀

钝器是指体积小而密度大，可用来击打的物品。如铁锤、铁块、秤砣、健身球、扳手、铁棍、木棒等，被认为是可能危及航空安全的器械。见图6-17、图6-18。

图6-17　铁锤

图6-18　扳手

四、爆炸物品

泛指能够引起爆炸现象的物质。例如炸药、雷管、黑火药等，见图6-19、图6-20。

图6-19　炸药

图6-20　雷管

五、易燃易爆物品

易燃易爆物品一般可分为易燃易爆气体、易燃液体和易燃固体。

易燃易爆气体是指常温常压条件下的气态物质经压缩或降温加压后，储存于耐压容器或特制的高绝热耐压容器中，均属易燃易爆气体。按其化学性质可分成三小类：易燃气体、不燃气体和有毒气体。

易燃液体是指在闭杯闪点试验中温度不超过60℃，或者在开杯试验中温度不超过65.6℃时，放出易燃蒸气的液体、液体混合物、固体的溶液或悬浊液（例如涂料、清漆等，但不包括其主要危险性属于其他类的物质）。

易燃固体是指燃点较低，对热、撞击、摩擦敏感，易被外部火源点燃，燃烧迅速，并可能散发出有毒烟雾或有毒气体的固体。根据满足着火条件的不同途径，可分为易燃固体、易自燃物品和受潮时易燃物品。

六、国家明令禁止运输的违禁物品

国家明令禁止运输的物品，如毒品、反社会及色情宣传资料等。

第二节
发现爆炸物的应急处置方案

一、处置爆炸装置的原则

① 爆炸装置是具有较大杀伤力的装置，万一爆炸，将引起严重后果。因此，在处置爆炸装置时（包括可疑爆炸物）要慎重。

② 要尽可能不让爆炸物在人员密集的地方爆炸，万一爆炸也要尽可能最大限度地减少爆炸破坏的程度，要千方百计保障库区工作人员和排爆人员的安全。

③ 发现爆炸装置（包括可疑爆炸物）后，应禁止无关人员触动，只有经过专门训练的专职排爆人员才可以实施排爆。

二、处置爆炸装置的准备工作

1. 建立排爆组织

如确定对爆炸装置进行处置，要成立排爆组，除领导指挥外，要由有防爆专业知识和有经验的专职排爆人员实施。另外，还要组织医护、消防抢救小组，使其处于待命状态。

2. 装备器材

排除爆炸装置是一项危险性极大的工作，为保障排爆人员的生命安全，应尽可能利用一些防护器材和排爆工具。防护器材主要有机械手、防爆筐（箱）、防爆毯（图6-21）、防爆头盔等，也可用砂袋将爆炸物围起来。排爆工具主要有钳子、剪子、刀具、竹签、长棍、高速水枪、液态氮等。

图6-21　防爆毯

3. 清理现场

① 打开现场的全部门窗，万一爆炸，冲击波能得到充分的释放。
② 严禁无关人员进入排爆现场。
③ 转移排爆现场附近的仪器等设备，为了减少损失可将爆炸物用沙袋围起来。
④ 清除爆炸物周围的铁器硬质物体。

4. 确定排爆地点和转移路线

如果爆炸物是可转移的，要事先确定排爆地点。
① 排爆地点应选择在远离飞机、建筑物、油库、管道、高压线等的地方，排爆地点应事先筑好排爆掩体等设施。
② 转移路线应尽量避开人员聚集、重要设施、交通要道等地方；转移时应尽量使用防爆罐，如转移的路线较长时，应用防爆车或特别的车辆进行运输转移。还要画好勤务警戒转移路线和排爆现场。

5. 疏散无关人员

即使用最有经验的排爆人员，用最有效的排爆器材和工具去处置爆炸物，也难以百分之百地保证爆炸物不爆炸。因此，在处置之前应考虑疏散无关人员。

疏散之前大致判断爆炸物，首先判断真假，以决定是否疏散人员，然后判断威力，以决定在多大程度、多大范围内疏散人员。疏散方式有三种。

① 不撤离。当某件被怀疑为爆炸物的物品有明显的证据是非爆炸物，判断其几乎没有多大杀伤力时，可不疏散现场工作人员，只做适当的警戒。

② 局部撤离。当某件物品被确认为爆炸物，但威力不是很大时，可对现场工作人员在一定范围内进行疏散。

③ 全部撤离。当判断爆炸物的威力很大时，要撤离库区内的全部人员。

三、处置爆炸物的程序

1. 对爆炸物的判断

① 真假的判断。

② 威力的判断。

③ 是否有定时装置的判断。

④ 是否有水平装置的判断。

⑤ 是否有松、压、拉等机械装置的判断。

⑥ 是否有其他防御装置的判断等。

2. 对爆炸物装置进行处置

处置爆炸物的首要条件是查清爆炸物的结构，根据其结构特点和爆炸物所处的地域，灵活运用不同的方法。爆炸物的处置通常由专业人员实施，处置方法有如下三种。

（1）就地销毁法　如确定爆炸物不可移动，采用就地引爆的方法进行销毁。为减少损失，销毁时可将爆炸物用沙袋围起来。

（2）人工失效法　人工失效法是首先使处于危险状态的延期或触发式爆炸物的引信失去功能，再对整个爆炸物进行拆卸，是使引信和弹体（炸药）分开的方法。

（3）转移法　当爆炸物位于候机楼或飞机等主要场所，并装有反拆卸装置且无把握进行人工失效并能移动时，将爆炸物转移到安全地方进行处理。

四、现场发现爆炸物的应急处置方案

在货物检查过程中，若安检操作人员发现货物中夹有疑似爆炸装置的情况时，应做到以下几点。

① 安检员立即报告安检现场值班领导，安检现场值班领导向上级主管部门汇报，由上级主管部门领导及值班经理到场确认爆炸物或爆炸装置。

② 立即拉开防爆毯拉链，取出围栏和防爆毯，迅速将爆炸装置放入围栏中，并盖上防爆毯。

③ 逐级上报的同时立即将情况向机场公安及有关部门报警。

④ 关闭附近的安检通道，组织好人员撤离，严格控制好现场秩序，严禁无关人员靠近防爆毯。

⑤ 扣押该票货物的运输单证，控制好在现场该票货物的托运人并扣押其通行证件。

⑥ 对该票货物的托运人进行严格的人身检查，检查其是否随身携带其他可疑物品，如遇反抗立即将其制服。

⑦ 将该票货物的托运人、运输单证及货物移交公安机关处置，将爆炸物移交专职排爆人员处置。

⑧ 险情过后，清理现场，恢复正常工作。

⑨ 以书面形式写出详细的情况说明向有关部门汇报。

⑩ 如遇紧急情况可直接向机场公安报警，事后逐级上报有关部门。

思考题

1. 违禁物品是如何分类的？
2. 爆炸物的排爆程序是什么？

第七章

安全检查人员的业务和制度管理

学习目标

了解安检人员的基本要求和基本素质；熟悉安检各岗位操作规范；掌握安检工作制度。

随着民航事业持续快速的发展和安全检查工作的行业特点，需要受过良好职业培训、具有一定科学文化知识和精湛职业技能的安检人员和管理人员。因此加强安检人员的业务管理，是一项非常重要的任务。本章概述了安检人员的基本要求，论述了安检人员的基本素质，阐明了安检人员的岗位操作规范、岗位培训和考核。

第一节 安检人员的基本要求和基本素质

一、安检人员的基本要求

① 热爱本职工作，努力钻研业务，坚持原则，恪尽职守。
② 全心全意为客户服务，不刁难代理，不侮辱人格。
③ 严格照章办事，不分亲疏，一视同仁，不私自带人进入库区，不利用工作之便

为他人将未经过安全检查的物品送入库区。

④ 廉洁奉公，遵纪守法，不乱拉关系，不以权谋私，不接收或索要客户物品。

⑤ 执勤时按规定着装，举止端庄，讲究卫生，上岗前不饮酒，不吃有强烈异味的食品，在岗位上不吸烟、不吃东西、不看书报、不从事与安全检查工作无关的活动。

二、安检人员的基本素质

安检人员的素质，是指从事安全检查工作的人员应具备的诸要素的总和。具体指政治素质、业务素质、职业素质和心理素质。

1. 政治素质

政治素质主要指政治立场、方向；政治观点、信仰；政治意识、倾向；政治觉悟、品质，等等。其中，政治立场、观点在政治素质中占主导地位。如遇到问题，站在什么立场上，用什么观点去观察分析问题，得出的结论往往不同。

2. 业务素质

安检人员的业务素质是指安检人员在实施安全检查过程中，应具备的以政治、文化、心理、身体等素质为基础，由专业知识、专业技能两部分构成，综合展现和直接应用于安全检查业务的素质结构。

安全检查工作是一项涉及面广、技术性和业务性较强的工作。因此，要求安检人员不但要有较强的业务能力，熟练掌握检查技能，而且还要掌握相关的公安、航空、法律等方面的知识。

3. 职业素质

安全检查人员的职业素质是对从事安检工作者的特殊要求，主要包括秉性方面的要求以及如何对待旅客的专门知识和丰富的社会经验和积累等。

4. 心理素质

安全检查人员担负保护空防安全的重任，要时刻保持高度的警惕性，不但要具有高度的责任心和使命感，而且要善于从数以万吨计算的货物中发现疑点，其工作性质决定了安检人员承受着较大的风险性，因此要求安检人员必须具有较高的承受能力、沉稳老练、遇事不慌和良好的心理素质。

所谓安检人员的心理素质，就是安检人员在货物安全检查工作中，所应具备的心理活动和个性反应过程。

第二节
安检人员岗位培训和考核

一、安检人员岗位资质要求

民航安全检查员各岗位工种要求从业人员应持有相应等级的职业资格证书才能上岗。其中：

① 待检区维序检查员、前传检查员、验证检查员、人身检查员、开箱（包）检查员、监护岗位要求从业者必须持有五级（含）以上职业资格证书；

② X射线检查仪操作员岗位要求从业者必须持有四级（含）以上职业资格证书；

③ 现场值班领导岗位要求从业者必须持有三级（含）以上职业资格证书。

二、安检人员岗位资质复审要求

① 凡持有民航安全检查员五级或四级国家职业资格证书的人员，每三年需参加职业资格复审。

② 持有民航安全检查员三级国家职业资格证书的人员，每五年需参加职业资格复审。

在规定期限内由于单位原因未能参加复审的，可以申请延期复审，延长时限最多不超过一年，且需要本单位人事部门出具相关证明；凡因个人原因在规定期限内未参加复审或复审未通过者，需要重新考取相应等级的民航安全检查员国家职业资格证书。

三、安检培训项目

民航安检培训包括民航安全检查员职业技能鉴定培训，以及民航安检从业人员岗前教育培训、在岗继续教育培训和领导任职培训等在职教育培训。民航安检从业人员应当接受岗前教育培训、在岗继续教育培训和领导任职培训等在职教育培训。未按《国家民用航空安全检查培训管理规定》参加在职教育培训并考试考核不合格的民航安检从业人员，不得独立从事相应岗位的民航安检工作。

从事危险品航空运输活动的人员应当按照《中国民用航空危险品运输管理规定》及《危险物品安全航空运输技术细则》的要求经过培训并合格。对从事危险品航空运输活动人员的危险品培训应当由符合《中国民用航空危险品运输管理规定》要求的危险品培训机构实施。经营人无论是否持有危险品航空运输许可，都应当确保其相关人员按照

《中国民用航空危险品运输管理规定》及《危险物品安全航空运输技术细则》的要求进行培训并合格。

1. 岗前教育培训

民航安检从业人员实行岗前教育培训制度。取得民航安检人员职业资格等级证书且初次从事相应安检岗位工作的民航安检从业人员，上岗前应当接受岗前教育培训并经考试考核合格。

（1）民航安检从业人员岗前教育培训应当至少包括如下内容：

① 公共基础知识培训。包括空防安全保卫法律法规、空防安全意识养成、安检职业道德教育、民航运输管理知识、查控物品基础知识、突发应急处置预案及演练、企业规章制度、企业文化、压力舒缓心理辅导等内容。

② 体能训练测试。包括队列礼仪训练、体能储备、团队合作等内容。

③ 岗位专业技能培训。包括特定等级、工种安检岗位技能、特定岗位执勤语言、特定岗位服务礼仪、特定岗位突发应急处置等内容。

民航安检从业人员岗前教育培训方式包括理论学习和岗位实践，岗位实践期间不得单独上岗。

（2）民航安检从业人员岗前教育培训实行最低学时制，其中：

① 取得民航安全检查员五级职业资格证书后，且初次从事民航安检工作的民航安全检查员，岗前教育培训时间不少于60学时，其中岗位实践时间不少于40学时；

② 取得民航安全检查员四级职业资格证书后，且初次从事相应岗位的民航安全检查员，岗前教育培训时间不少于80学时，其中岗位实践时间不少于60学时；

③ 取得民航安全检查员三级职业资格证书后，且初次从事民航安检质量监察、安检业务培训管理岗位的民航安全检查员，岗前教育培训时间不少于60学时，其中岗位实践时间不少于40学时；

④ 初次从事民航安检现场勤务管理业务岗位的人员，岗前教育培训时间不少于50学时，其中岗位实践时间不少于30学时；

⑤ 初次从事民航安检设备维修岗位的人员，岗前教育培训时间不少于80学时，其中岗位实践时间不少于40学时；

⑥ 初次从事航空器监护岗位的航空器监护员，岗前教育培训时间不少于80学时，其中岗位实践时间不少于40学时。

民用机场管理机构和公共航空运输企业应当对接受岗前培训的民航安检从业人员进行考试考核。对考试考核不合格的，不得允许其独立从事相应的岗位工作。

2. 在岗继续教育培训

民航安检从业人员实行在岗继续教育培训制度。在岗继续教育培训包括在岗技能保持培训和日常培训。在岗民航安检从业人员每年应当接受在岗继续教育培训并考试考核合格。

① 民航安检从业人员在岗技能保持培训内容应当至少包括岗位技能知识保持和更新、查控物品知识更新、勤务组织实施、突发应急管理、勤务沟通技巧、压力舒缓心理辅导、民航安检职业道德教育和体能训练等内容。

② 民航安检从业人员在岗技能保持培训方式包括脱产培训、业务研修、岗位练兵等多种方式。

③ 民航安检从业人员在岗技能保持培训实行最低学时制度，其中：

a.民航安全检查员每年80学时；

b.安检设备维修岗位人员每年60学时；

c.航空器监护员每年40学时。

民用机场管理机构和公共航空运输企业应当对接受在岗技能保持培训的民航安检从业人员进行考试考核。对考试考核不合格的，不得允许其继续独立从事相应的岗位工作。

民航安检从业人员脱离安检岗位时间超过6个月后重新从事相应安检岗位工作的，民用机场管理机构和公共航空运输企业应当对其岗位能力进行考试考核。对考试考核不合格的，应当参照相关岗位岗前教育培训要求进行培训并考试考核合格。

民航安检从业人员异地调动或者在本单位内部进行转岗的，民用机场管理机构和公共航空运输企业应当对其岗位能力进行考试考核。对考试考核不合格的，应当参照相关岗位岗前教育培训要求进行培训并考试考核合格。

民用机场管理机构和公共航空运输企业应当建立并实施本单位民航安检从业人员日常培训制度。日常培训内容应当包括职业技能知识更新、空防安全形势教育、勤务组织实施、班组建设、队伍管理和政治思想教育等。

3.任职培训

民航安检机构领导实行任职培训制度。任职培训由中国民用航空安保主管部门或其授权单位负责组织实施。

民航安检机构领导任职培训的内容至少应当包括航空安保法规标准、民航安检政策法规体系、人力资源管理、民航安检勤务调度、民航安检质量控制方法、应急管理、航空运行知识和组织管理等内容。

民航安检机构领导任职培训实行最低学时制，培训时间不少于50学时。

4.危险品培训

（1）根据《技术细则》的要求，以下企业或者组织开展培训活动应当持有危险品培训大纲：

① 作为危险品航空运输托运人或者托运人代理人的企业或者其他组织；

② 国内经营人；

③ 货运销售代理人；

④ 地面服务代理人；

⑤ 从事民航安全检查工作的企业。

危险品培训机构可以代表上述企业或者组织制定危险品培训大纲，但在实施前应当得到委托方认可。

（2）危险品培训大纲应当根据各类人员的职责制订，每种培训大纲应当包括初始培训和定期复训两个类别，并符合《技术细则》的要求。

（3）危险品培训大纲中应当至少包括下列内容：

① 符合本规定和《技术细则》规定的声明；
② 培训课程设置及考核要求；
③ 受训人员的进入条件及培训后应当达到的质量要求；
④ 将使用的设施、设备的清单；
⑤ 教员的资格要求；
⑥ 培训教材；
⑦ 国家法律法规的相关要求。

经营人、货运销售代理人及地面服务代理人的危险品培训大纲还应包括危险品航空运输手册或者所代理经营人的危险品航空运输手册的使用要求。

（4）为了保证知识更新，应当在前一次培训后的24个月内进行复训。如果复训是在前一次培训的最后三个月有效期内完成的，则其有效期自复训完成之日起开始延长，直到前一次培训失效日起24个月为止。

（5）培训记录应当保存三年以上并随时接受民航局或者民航地区管理局的检查。培训记录应当载明以下内容：
① 受训人员姓名；
② 最近一次完成培训的日期；
③ 所使用培训教材的说明；
④ 培训机构的名称和地址；
⑤ 培训教员的姓名；
⑥ 考核成绩；
⑦ 表明已通过培训考核的证据。

（6）需要特别指出的是，安检人员应接受第12类危险品培训。

5. 安检职业技能鉴定培训

根据国家民用航空安全检查员技能培训大纲及CCAR-276部的要求，组织开展培训工作，并建立培训记录。申报条件如下。

（1）五级（初级）职业技能鉴定（具备以下条件之一者）
——经本职业五级正规培训达规定标准学时数，并取得培训合格证书。
——在本职业连续见习工作1年以上（含1年）。

（2）四级（中级）职业技能鉴定（具备以下条件之一者）
——取得本职业五级职业资格证书后，连续从事本职业工作2年以上，经本职业四级正规培训达规定标准学时数，并取得培训合格证书。
——中专以上（含中专）本专业及大专以上（含大专）非本专业毕业生，取得本职业五级职业资格证书后，连续从事本职业工作1年以上，经本职业四级正规培训达规定标准学时数，并取得培训合格证书。
——取得本职业五级职业资格证书后，连续从事本职业工作4年以上。

（3）三级（高级）职业技能鉴定（具备以下条件之一者）
——取得本职业四级职业资格证书后，连续从事本职业工作3年以上，经本职业三

——取得本职业四级职业资格证书后，连续从事本职业工作5年以上。

——大专以上（含大专）本专业毕业生，取得本职业四级职业资格证书后，连续从事本职业工作1年以上，经本职业三级正规培训达规定标准学时数，并取得培训合格证书。

第三节 安检人员岗位操作规范

一、人身检查岗位操作规范

① 按时到达工作岗位，检查执勤设备、测试安全门和手持金属探测仪的灵敏度是否正常。

② 引导进入库区的所有人员将身上的金属物品取出放在置物筐内，并逐件进行检查。

③ 引导进入库区的所有人员按秩序通过安全门，遇有报警时，面向该人员按操作程序对其进行检查。

④ 对经过仪器、手工检查仍不能排除疑点的人员，请示现场值班领导同意后，对其实施从严检查。

⑤ 提醒进入库区的所有人员将取出的物品拿回。

⑥ 勤务结束时，按规定关闭仪器、电源，收拾好执勤用品。

二、X射线机检查岗位操作规范

① 按时到达工作现场，检查仪器各连接线是否正确，传送带内有无异物；按程序开启仪器，测试检查图像是否清晰、传送带运转是否正常。

② 托运人（或其代理人）将货物放在传送带上通过检查时，必须仔细观察鉴别图像，熟练运用各检测功能键进行检查。对图像不清的货物和可疑之处示意开箱包检查员进行手工检查并告知重点部位。

③ 遇有紧急情况，应按下紧急停止按钮关机，将怀疑是爆炸物的货物留在机器内，根据不同情况，分别进行处置。

④ 勤务结束时，按程序关闭机器，填写执勤记录。

三、开箱包岗位操作规范

① 按时到达工作现场，做好执勤准备工作。

② 按X射线机检查岗位的通知，对将要开箱包检查的货物及重点部位做到心中有数。
③ 配合托运人（或其代理人）将要开箱包的货物放在检查区域，请其开箱接受检查。
④ 发现可疑物品后，应认真检查，排除疑点后，将货物再次通过仪器检查。
⑤ 当发现货物中有枪支、弹药、爆炸物、管制刀具以及其他攻击性武器时，应将人和物控制，立即报告作业主管处理。
⑥ 检查完毕后，协助托运人（或其代理人）按原来的顺序、大概位置复原包装。
⑦ 详细登记查获的各类违禁物品或未按申报品名的物品及处理情况。
⑧ 勤务结束时，清理执勤现场，将查获的各类违禁物品或未按申报品名的物品及时上交。

四、仪器维修岗位操作规范

① 仪器维修人员必须每天按规定时间到达现场，了解、检查、维护仪器设备，保证正常运转。
② 勤务结束时，填写好维修日记。

五、现场值班岗位操作规范

① 现场值班领导应按时到达现场，做好交接班准备。
② 及时准确地传达上级的指示、指令及通知精神。
③ 检查各单位当班人员到岗情况，发现问题及时纠正，保证安全检查工作正常运行。
④ 了解掌握当日航班动态，及时合理组织勤务。
⑤ 坚守值班岗位，对在安全检查工作中查出的问题，认真做好询问记录，并妥善处理。
⑥ 及时处理现场发生的问题，协调与各友邻单位之间的工作。
⑦ 勤务结束时，做好值班工作记录。

第四节　安全检查的工作制度

一、安全目标责任制度

① 安检部门应当结合实际情况，制订年度安全目标和实现安全目标的具体工作

方案。

② 安全目标责任应定人、定位、定任务，做到分工清楚、任务明确、各负其责，奖惩分明。

③ 安全目标主要包括：杜绝因安检原因造成劫机、炸机等严重危害航空安全的事件；杜绝因安检原因危及航空运输安全；杜绝因安检原因造成航空器损坏。

二、领导值班制度

① 安检部门实行领导分级值班制度。

② 安检部门值班领导应当坚持现场值班，指导、监督、检查、协调现场安全检查工作，解决安检工作中发生的重大问题。

③ 安检班组值班领导应坚持在第一线带班，按照上级的要求同本班组安检人员一起做好各项勤务工作。

三、请示报告制度

① 安检人员在一般情况下，遇到超越处理权限的问题时，必须及时向上级领导请示后方可处理。

② 通常情况下，请示应逐级进行；遇有重要情况以及突发情况可越级报告，但事后应当报告直接领导。

③ 上报情况应当包括时间、地点、任务、事件情况、处理结果。

④ 下级向上级请示报告问题时，应当提出自己的处理意见。

⑤ 请示报告必须做出详细记录，重大问题做出专题报告。

四、会议制度

① 安检部门应当定期召开生产例会、总结会、研讨会，必要时随时召开。

② 生产例会主要是讲评上一阶段工作，布置下阶段工作。

③ 总结会主要是总结年度的工作，分析存在的问题及原因，提出解决办法。

④ 研讨会主要是围绕安全检查工作中的某个方面或根据当时工作中发现的新情况，就如何加强工作进行深入研讨。

五、交接班制度

① 交接班应当同级对口书面交接。

② 交班的主要内容包括：上级的文件、指示；执勤中遇到的问题和处理结果；设备使用情况；遗留问题；需要注意的事项。

③ 接班人员应提前到达现场，办理交接班手续。交班人员在接班人员到达执勤岗位后方可离去。

六、点名、讲评制度

① 安检部门实行上班点名和下班讲评制度。
② 点名和讲评由当班作业主管组织实施。
③ 点名的内容包括：检查安检人员到岗情况；检查安检人员着装情况；传达上级文件和指示；按照航班预报合理安排勤务，提出工作要求。
④ 讲评内容包括：检查安检人员在岗情况；小结当天执勤情况；表扬好人好事，批评不良现象；对下一班勤务提出具体要求，对工作中发生的问题及时上报。

七、安检印章使用管理制度

① 集中管理，落实到各班安检使用。
② 安检章实行单独编号，号码不可重复，由安检部门依照民航局相关规定刻制，各班组负责保管及分发。
③ 所有安检印章由安检现场值班领导统一管理，并做好记录。
④ 上岗时安检放行章由安检员各自单独保管并使用，不可转交他人使用；24小时存放货物章、安检不合格章、安检注销章由安检现场值班领导进行保管和使用。
⑤ 安检员完成当日安检工作后统一将安检放行章交予安检现场值班领导，上岗时再统一领取。
⑥ 安检员保管的安检业务用章发生遗失时：写出个人书面检查；递交遗失申请报告；接受部门的处理；安检现场值班领导对遗失的安检印章号码做销号处理，并上报安检部门，由安检部门通报相关部门。

思考题

1. 安检培训的项目具体有几大类？
2. 安全检查的工作制度有哪些？

第八章

安全检查日常勤务和礼仪规范

> **学习目标**
>
> 了解安检日常勤务原则，明确勤务职责；了解相关配合单位的协作内容；熟悉安检服务、礼仪规范并学会使用礼貌用语。

第一节 安检勤务组织

一、安检勤务组织的原则

① 安检部门在安排各项工作中，要以勤务为中心，兼顾教育、培训和学习。

② 勤务的组织和实施，应当采取分级指挥，分级负责的方法，使各级职、责、权分明。

③ 组织勤务应当以科、班、组等建制单位安排，便于领导和协调。安检部门各单位应当结合自身担负的任务，制定正常情况和特殊情况勤务方案，作为实施勤务和处置情况的依据，时刻做好转入紧急情况的准备，以应付各类突发性事件。

④ 组织勤务应当把工作程序作为一个整体，合理使用执勤人员，安排组织好上、下勤务交接，保持勤务的连续性。

⑤ 安检部门应当加强与联检单位的联系配合，制定协同方案，互相支持，确保检查、管理等各项勤务的顺利进行。

⑥ 安检部门在勤务实施过程中，应当做好检查仪器、通讯器材、勤务用品、机动车辆的保障工作。

二、安检勤务的实施要求

① 安检现场值班领导应根据航班货量和执勤人员，制定勤务分配方案，分配勤务任务。

② 安检部门应提供24小时执勤服务，当日航班结束后，应分派安检员留守安检现场，以便处置不正常情况。

③ 安全检查开始前应当做好各项准备工作，包括：对安检设施设备的检测、勤务用品的申领发放、检查仪容仪表及通行证佩戴情况、记录人员考勤。

④ 安检部门负责质量监控的人员应当定期对现场勤务开展情况进行监督检查。

⑤ 安检部门现场管理人员应当于每个执勤日检查各岗位人员的在岗情况和准备工作的落实情况，跟班作业，直接掌握检查情况，领导和指挥勤务工作。

⑥ 安检部门各岗位人员，必须认真落实各项勤务，严格执行岗位责任制，做到熟悉勤务方案，明确自身任务。做到定人、定位、定任务、定责任。

⑦ 安检工作中发生、发现的各种情况和问题，应当按分级处理的权限进行处理。遇有紧急情况或突发事件，应当按照特别工作方案处置。

⑧ 安检班组应当做好勤务交接班工作，由现场值班领导具体组织实施，并监督交接班情况，防止发生漏洞。

⑨ 安检勤务任务结束后，应当做好各项善后工作。包括：关闭、锁好各种仪器设备；清点、存放检查器材、勤务用品；对安检操作室进行卫生工作。

⑩ 上报勤务中发生、发现的问题和处理结果，统计安检数据，做好执勤情况的整理、登记、归档工作。

三、安检部门勤务职责

① 安检部门领导统一领导、指挥、协调各项工作，布置工作任务，提出工作要求。

② 安检部门办公室负责后勤保障、人事、安检设施设备的管理工作。

③ 安检质量监督部门负责工作制度、奖惩制度、培训课件及各类文件的编制、修订工作；定期监督检查各安检现场科室的勤务实施情况。

④ 安检现场科室负责实施勤务工作，使用和维护安检设施设备，及时处理和上报勤务中发生的各类问题。

四、安检勤务应建立的制度

① 勤务值班制度。安检各部门应当建立值班室，根据航班货量动态安排值班。掌

握上报和处理勤务中发生的重大问题。

② 勤务记录制度。当日勤务结束后，详细填写各种执勤登记表并整理归档，按期上报。执勤日记记载上级的命令、指示、通知和执勤情况、部署调整以及发现的问题和处理的结果、设施设备使用情况、各类安检数据汇总。

③ 勤务研究制度。研究内容主要是业务文件、上级指示和通知、空防安全形势、培训内容及执勤中的经验与教训。

④ 保密制度。不准将内部文件、资料带到执勤现场，加强对执勤文书、表册等资料的保管，以防外泄。

第二节
同有关单位的协作配合

货邮安全检查工作作为航空货物运输中的重要一环，既具有其独立性也与其他诸如公安、货运、联检等部门发生着直接的联系。因此，加强与这些部门的协作与配合工作，对于促进安全检查工作将起到十分积极的作用。

一、同民航公安部门的协作配合

安全检查工作是民航空防安全保卫工作的重要组成部分。民航公安机关是民航空防安全工作的主管部门，对安全检查工作实行检查、监督和指导。因此，安全检查部门在业务上要主动接受民航机场公安机关的监督和指导，积极配合公安机关预防打击危害民用航空安全的犯罪活动。安全检查中遇到的有关安全上的问题要及时同公安机关联系处理，具体体现如下：

① 安全检查中查出的枪支、弹药、管制刀具、警械警具、军械、毒品等违禁物品，应及时移交公安机关查处；

② 安全检查中查出冒名顶替、持伪、假证件者移交公安机关处理；

③ 遇有违章进入隔离区的人员、车辆，交由公安机关处理；

④ 发现劫、炸机嫌疑人员及公安机关通缉的在逃嫌疑人员等，及时移送公安机关审查处理；

⑤ 接到任何犯罪信息及时向公安机关报告。

同时，民航公安机关对安检移交处理的事，在处理完毕后，要将处理结果及时通报安检部门。

遇有地方公安机关要求安检部门协助查缉人犯、帮助破获案件时，应事先与机场公安机关取得联系，由机场公安机关通知安检布控查控、协助其破案。

二、同货物运输部门的协作配合

安检部门是航空货物运输安全的重要保障部门，与货物运输部门有着直接的联系。因此，搞好同货物运输部门的协作配合，是安全检查的一项必不可少的工作。具体体现如下：

① 安检部门在安排勤务前，应提前从货物运输调度部门获取该班次航班动态信息，根据航班动态合理调配执勤人员，使检查工作忙而不乱，保证安全检查的质量；

② 安检部门在安全检查过程中发现货物异常情况，并进行相应处置后，应与货物运输部门联系，货物运输部门也应配合安检部门办理相关处理手续，确保空防安全。

三、同联检部门的协作配合

在对国际（地区）出港航班的货物进行安全检查过程中，如发现货物中夹带走私等物品时，要主动移交海关等联检有关部门处理。安检应协助边防、海关等联检部门做好查处工作。注意与联检各单位的团结协作，相互尊重，密切配合，及时通报信息，共同做好国际（地区）航班货物的联检工作。

第三节
安检人员服务、礼仪的基本规范

一、安检人员着装规范

安检人员执勤时必须按规定着安检制服，并遵守下列要求：

① 按规定缀订、佩戴安检标志、领带（领结）、帽徽、肩章。

② 按规定配套着装，冬、夏制服不得混穿。短袖安检制服上衣应与夏季安检裤（裙）配穿。

③ 换季时着装和换装时间，由各安检部门统一规定。

④ 统一着制式靴。

⑤ 着装应当整洁，不准披衣、敞怀、挽袖卷裤腿、歪戴帽子，不准在安检制服外罩便服、戴围巾。

⑥ 只能佩戴国家和上级部门统一制发的证章、证件和工号。

二、安检人员仪容仪表规范

安检人员在执勤中,应仪容整洁,仪表端正,见图8-1及图8-2。

① 男女发型自然大方,不留奇异怪发,男安检员不准留长发、胡须、大鬓角,女安检员在工作期间不得披发过肩。

② 面部不浓妆艳抹,不带奇异饰物。

③ 讲究卫生,仪容整洁,指甲不准过长或藏有污垢,严禁在手背和身上纹字纹画。

三、安检人员执勤规范

安检人员应当自觉遵守职业道德规范,爱岗敬业,文明执勤。执勤时,应当遵守下列规定:

① 执勤前不吃有异味食品、不喝酒,执勤期间不吸烟、不吃零食、不嬉笑打闹;

② 尊重他人的风俗习惯,对进出货运隔离区人员的穿戴打扮不取笑、不评头论足,遇事不围观;

③ 态度和蔼,检查动作规范,不得推拉被检查人员;

④ 自觉使用安全检查文明执勤用语,热情有礼,不说服务忌语;

⑤ 爱护接受检查的航空货物,检查时轻拿轻放,不乱翻、乱扔;

⑥ 按章办事,耐心解释托运人(或其代理人)的问题,不得借故训斥、刁难。

图8-1 男安检人员

图8-2 女安检人员

第四节
安检人员礼貌用语与岗位规范用语

一、礼貌用语

在安全检查工作中,应做到"请"字开头,"谢"字结尾。注意运用"您好"、"请"、"谢谢"、"对不起"、"再见"等礼貌用语。

二、岗位规范用语

1. 人身检查岗位

① 请将您身上的金属物品放入托盘内。
② 先生(小姐)对不起,安全门报警了,您需要重新检查一下。
③ 请脱下您的帽子。
④ 请转身,请抬手。
⑤ 请问这是什么东西?请打开给我看看。
⑥ 检查完毕,谢谢合作。
⑦ 请收好您的物品。

2. X射线机检查岗位

① 请按单排码排放将货物轻放至X射线机上。
② 对不起,您的货物存在疑问,请放置在指定区域接受开箱包检查。

3. 开箱包检查岗位

① 对不起,请您打开这个箱包。
② 对不起,您的货物不符合航空运输条件,请办理退运手续。
③ 谢谢合作,请还原货物包装,给您加封开箱包封条。

? 思考题

1. 安检部门的勤务职责是什么?
2. 与安检部门相关的联检部门有哪些?

第九章

劳动保护知识

> **学习目标**
>
> 了解如何加强安检现场的个人防护意识；了解劳动法相关知识，知晓安检人员的劳动保护条例。

第一节 安检工作现场要求

安检工作现场是具体实施安全技术检查的场所，包括实施验证、人身检查、航空货物检查、现场值班等安全技术检查的各个岗位。货运区的安检工作现场则需设有一定的隔离防护设施及安全检查设备设施。

一、货运区的区域控制

1.货运区的周界控制

① 货运区宜设置在机场控制区内，如设置在控制区外应采取适当的安保措施。

② 货运区周界应设置安全围栏（墙）。

③ 货运区围栏（墙）的设置应符合以下条件：

a.围栏（墙）内侧、外侧的净高度均应不低于2.5米。

b.围栏（墙）外面应设有醒目的禁止翻越警告标识牌。

④ 货运区应尽量减少设置与非控制区相通的人员出入口。

2.货运区的安全检查

① 货运区人员出入口应设置X射线检查设备、通过式金属探测门、手持金属探测器等设备,对进入的人员及携带的物品实施安全检查。
② 应设置X射线检查设备、爆炸物探测设备等货物安全检查设备。
③ 应设置安检值班室、备勤室和X射线机操作室。
④ 应设置可疑物品处置装置,如防爆球、防爆罐、防爆毯等。
⑤ 宜设置安全检查信息管理系统。

3.货物的隔离

① 货运区应设置隔离区,确保未检货物与已检货物隔离存放。
② 货运区还应设置专门存放无法经过仪器安检的货物的物理隔离区。

二、安检工作现场的环境要求

根据人员和设备的要求,特别针对一些需使用精密安检设备的场所,要求安检工作须在室内、常温、干燥、通风的环境下进行。

第二节 安全操作与防护

安检人员在从事安全检查过程中会使用到各类安检设备设施、接触各类航空货物,而这其中一些设备设施及货物本身可能会给安检人员带来一定的安全隐患,因此在操作时安检人员应严格按照规范流程执行,并做好相应的自我防护措施,确保人身安全。

一、X射线机的自我防护方法

目前,对航空货物进行安全检查的X射线机普遍使用以下防护措施:如整机用金属机壳封住(电子柜);通道两端卷帘门遮蔽,防止X射线泄漏;X射线机采用有源器件,通电后传送带运行同时光障被物品遮挡,才可能发射X射线,这些防护措施对工作人员是可靠的保护。

同时,作为X射线机操作人员和在其周围工作的人员来说,也应有自我保护意识,例如不要在传送带运行时,将身体的某一部位伸入通道;不要破坏铅门帘;除必要的检修外,不要打开机壳;不要在打开机壳的情况下,轻易发射X射线,不要在传送滚轴上行走等。

二、危险品的防护知识

在安全检查过程中，如果发现危险品泄漏，应立即启动危险品泄漏应急处置程序，切勿在未做防护的情况下接触危险品，如果人或衣服沾上泄漏的危险物品，应采取以下防护措施：

① 用大量的水彻底冲洗身体（除遇水燃烧或遇水会分解的危险物品）；
② 脱掉受污染的衣物；
③ 不要吸烟或进食；
④ 不要用手接触眼、鼻、口等部位；
⑤ 寻求医疗处理。

第三节
《中华人民共和国劳动法》的相关知识

一、立法目的和适用范围

1. 立法目的

为了保护劳动者的合法权益，调整劳动关系，建立和维护适应社会主义市场经济的劳动制度，促进经济发展和社会进步。

2. 适用范围

在中华人民共和国境内的企业、个体经济组织（以下统称用人单位）和与之形成劳动关系的劳动者，适用本法。国家机关、事业组织、社会团队和与之建立劳动合同关系的劳动者，依照本法执行。

二、劳动者的基本权利和义务

劳动者享有平等就业和选择职业的权利、取得劳动报酬的权利、休息休假的权利、获得劳动安全卫生保护的权利、接受职业技能培训的权利、享受社会保险和福利的权利、提请劳动争议处理的权利以及法律规定的其他劳动权利。

劳动者应当完成劳动任务，提高职业技能，执行劳动安全卫生规程，遵守劳动纪律和职业道德。

劳动者有权依法参加和组织工会。工会代表维护劳动者的合法权益，依法独立自主地开展活动。

劳动者依照法律规定,通过职工大会、职工代表大会或者其他形式,参与民主管理或者就保护劳动者合法权益与用人单位进行平等协商。

三、国家对劳动者的鼓励和保护

国家提倡劳动者参加社会义务劳动,开展劳动竞赛和合理化建议活动,鼓励和保护劳动者进行科学研究、技术革新和发明创造,表彰和奖励劳动模范和先进工作者。

四、用人单位在劳动保护方面的职责

用人单位必须建立、健全劳动安全卫生制度,严格执行国家劳动安全卫生规程和标准,对劳动者进行劳动安全卫生教育,防止劳动过程中的事故,减少职业危害。

用人单位必须为劳动者提供符合国家规定的劳动安全卫生条件和必要的劳动防护用品,对从事有职业危害作业的劳动者应当定期进行健康检查。

五、劳动者在劳动保护方面的权利和义务

劳动者在劳动过程中必须严格遵守安全操作规程。劳动者对用人单位管理人员违章指挥、强令冒险作业,有权拒绝执行;对危害生命安全和身体健康的行为,有权提出批评、检举和控告。

六、关于伤亡事故和职业病

国家建立伤亡事故和职业病统计报告和处理制度。县级以上各级人民政府劳动行政部门、有关部门和用人单位应当依法对劳动者在劳动过程中发生的伤亡事故和劳动者的职业病状况,进行统计、报告和处理。

七、劳动法对女职工的特殊保护

不得安排女职工在经期从事高处、低温、冷水作业和国家规定的第三级体力劳动强度的劳动。

不得安排女职工在怀孕期间从事国家规定的第三级体力劳动强度的劳动和孕期禁忌从事的活动。对怀孕七个月以上的女职工,不得安排其延长工作时间和夜班劳动。

女职工生育享受不少于九十天的产假。

不得安排女职工在哺乳未满一周岁的婴儿期间从事国家规定的第三级体力劳动强度的劳动和哺乳期禁忌从事的其他劳动,不得安排其延长工作时间和夜班劳动。

八、违反劳动法的法律责任

用人单位的劳动安全措施和劳动卫生条件不符合国家规定或者未向劳动者提供必要的劳动防护用品和劳动保护措施的，由劳动行政部门或者有关部门责令改正，可以处以罚款；情节严重的，提请县级以上人民政府决定责令停产整顿；对事故隐患不采取措施，致使发生重大事故，造成劳动者生命和财产损失的，对责任人员比照《中华人民共和国刑法》第一百八十七条的规定追究刑事责任。

用人单位强令劳动者违章冒险作业，发生重大伤亡事故，造成严重后果的，对责任人员依法追究刑事责任。

用人单位违反本法对女职工的保护规定，侵害其合法权益的，由劳动行政部门责令改正，处以罚款；对女职工造成损害的，应当承担赔偿责任。

用人单位规定的劳动规章制度违反法律、法规规定的，由劳动行政部门给予警告，责令改正；对劳动者造成损害的，应当承担赔偿责任。

用人单位违反本法规定，延长劳动者工作时间的，由劳动行政部门给予警告，责令改正，并可以处以罚款。

九、关于劳动者的职业培训

用人单位应当建立职业培训制度，按照国家规定提取和使用职业培训经费，根据本单位实际，有计划地对劳动者进行职业培训。

从事技术工种的劳动者，上岗前必须经过培训。

国家确定职业分类，对规定的职业制定职业技能标准，实行职业资格证书制度，由经过政府批准的考核鉴定机构负责对劳动者实施职业技能考核鉴定。

安检人员实行岗位证书制度。没有取得岗位证书的，不可单独作为安检人员上岗执勤。

对不适合继续从事安检工作的人员，应当及时调离或辞退。

十、有关安检人员的劳动保护

1.在高寒、高温、高噪声条件下从事工作的安检人员，享受相应的补助、津贴和劳动保护。

2.在X射线机区域工作的安检人员应当得到下列健康保护：
① 每年到指定医院进行体检并建立健康状况档案；
② 每年享有不少于两周的疗养休假；
③ 按民航局规定发给工种补助费；
④ 女工怀孕和哺乳期间应当合理安排工作，避免在X射线区域工作。

3.X射线机操作检查员连续开机工作时间不得超过40分钟，每天累计不得超过6

小时。

? **思考题**

1. 安检现场的环境要求主要包括哪几点?
2. 身上如沾有危险品,应立即采取哪些防护措施?
3. 根据安检人员劳动保护规定,X射线机操作检查员连续开机工作时间不得超过多少时间?每日累计不得超过多少时间?

参 考 文 献

[2] 中国民用航空安全检查规则. 北京：中国民航出版社，2006.